Simonis
Auferstehung und ewiges Leben?
Die wirkliche Entstehung des Osterglaubens

Inhalt

1. KAPITEL
Der Kern des christlichen Glaubens

Um die Mitte des ersten christlichen Jahrhunderts schreibt Paulus in einem Brief an die Gemeinde von Korinth: »Wenn Christus nicht auferweckt worden ist, dann ist unsere Predigt nichtig, und nichtig ist euer Glaube.« (1 Kor 15,14) Worum es in der damaligen Diskussion in der korinthischen Gemeinde wirklich *genau* ging, das ist aus dem Brief des Apostels nicht unmittelbar ersichtlich. Paulus war ja nicht in Korinth, als dort eine vermutlich heftige Diskussion ausbrach. Von dieser Auseinandersetzung erfuhr er erst, schriftlich oder mündlich, weil »man« seine Stellungnahme brauchte. Die ihn informierten, das waren aber sicher Gemeindemitglieder, die im Streit selbst Partei waren; die somit, wie man vermuten darf, dem Apostel die Dinge so dargestellt haben werden, wie sie selbst sie sahen. So nämlich: Die anderen bestreiten Christi Auferstehung.

Ob die Sachlage wirklich so einfach war, ist aber eine eigene Frage. Hätten die anderen einfachhin Christi Auferstehung bestritten, was hätten sie dann noch mit der christlichen Gemeinde zu tun gehabt? Wahrscheinlich ging es also bei dem Streit in Korinth nicht um die Frage, *ob* Christus auferstanden ist, sondern darum, *wie* man sich dies *näherhin* zu denken, vorzustellen habe. Insbesondere wohl um die Frage, ob und wie man sich ein *leib*haftiges Auferstandensein zu denken habe. Soll man sich ein wirkliches Auferstandensein und körperlich-leibhaftiges Weiterleben vorstellen? Muß man wirklich an ein Wiederlebendigwerden des Leichnams denken? Führt das nicht zu geradezu lächerlichen, absurden Vorstellungen, wenn wir annehmen, daß irgendwann, bei der Ankunft des Herrn, am Jüngsten Tag, auch wir und alle bis dahin Verstorbenen leibhaftig auferstehen werden?

Paulus wird an etwas späterer Stelle in seinem Schreiben auch auf dieses Problem eingehen: Selbstverständlich ist Christus auch leibhaftig auferstanden, aber sein irdischer

Leib existiert nun in verwandelter, himmlischer (»pneumatischer«) Seinsweise (s. 1 Kor 15,35 ff.). Der Herr ist mit Leib und Seele von Gott auferweckt worden. Was dabei das Leiblich-Materielle betrifft, so existiert der Auferweckte nicht mehr *so* massiv sichtbar, greifbar wie wir noch Lebenden, sondern in der »Körperlichkeit«, die seinem endgültigen himmlischen Leben entspricht. Und so wird es sich auch mit uns, mit unserer Auferstehung verhalten: Ob wir schon gestorben sind oder noch leben, wir alle werden verwandelt werden. (1 Kor 15,51)

Mit »Verwandlung« ist allerdings die Frage nach dem »Wie« eines *leibhaftigen* Jenseits nicht wirklich beantwortet! Das hier liegende Sachproblem wird so lediglich verbal überspielt – und die Sache bleibt sozusagen nur wieder Gott und seiner Allmacht anheimgestellt. Das kann man so halten. Doch dann verzichte man ehrlicherweise auch auf den Anschein, mit »Verwandlung« etwas wirklich *Erhellendes* zur Sache gesagt zu haben! D. h. demjenigen etwas verständlicher gemacht zu haben, der gleichsam mit dem Finger auf ein wirkliches Problem zeigt; auf das Problem nämlich: Was soll diese jetzige, empirische, kosmisch-materielle Leiblichkeit mit dem Jenseits zu tun haben? Er kann ja sagen: Wird *sie* »verwandelt«, dann ist das in Wirklichkeit gar nicht »Verwandlung«! Denn es tritt ja eine ganz andere, nichtempirische, sogenannte himmlisch-pneumatische Leiblichkeit an ihre Stelle. Diese andere ist also eine andere, neue Schöpfung; gerade nicht identisch mit der jetzigen, hiesigen, alten. So daß die Frage nach dem Schicksal dieses jetzigen, empirischen Kosmos einfach übergangen ist. Und wenn es heißt: Am Ende der Welt, am Jüngsten Tag wird er verwandelt, so bleibt dasselbe Sachproblem; nur daß es zeitlich in die Ferne verschoben wird. Denn auch dann ist »Verwandlung« nur so denkbar, daß an die Stelle der jetzigen empirisch-sichtbaren, alten Materie eine andersartige, neue, eben himmlische, unsichtbare Materie geschaffen wird; so daß die jetzige alte entweder überflüssigerweise übrigbleibt oder aber vernichtet wird. Mit »Verwandlung« wird also, wenn man die Sache selbst genau durchdenkt, das Sachproblem nicht gelöst. Sondern es wird nur mit einem pompösen, aber selbst problematischen Begriff überspielt. – Wir werden uns daher mit dieser Frage später noch eigens befassen müssen. (S. a. Verf., Glaube und Dogma der Kirche, St. Ottilien 1995, 434 ff.; 454 ff.)

Doch zunächst schärft Paulus erst einmal das Prinzipielle und Entscheidende ein: Wenn Christus nicht auferstanden ist – wie auch immer dies näherhin zu denken sei –, dann ist unsere Predigt, dann ist unser Glaube nichtig, gegenstandslos, umsonst, ja, eine Täuschung und Lüge; dann ist der Glaube unsinnig, dann sind wir die bedauernswertesten unter allen Menschen, weil wir uns selbst etwas vorgemacht haben oder wir uns etwas haben vormachen lassen. (S. 1 Kor 15,17–19.) Das Auferstandensein Jesu Christi zu bestreiten, das wäre ja gleichbedeutend damit, unser eigenes Auferwecktwerden, also unser zukünftiges ewiges Leben zu bestreiten. Es wäre dasselbe wie zu behaupten, daß mit dem Tode alles aus sei.

Keine Frage, daß Paulus hier sozusagen die Substanz, den nervus rerum des christlichen Glaubens offenlegen und beim Namen nennen will: Es geht nicht nur um Christi Auferstandensein, sondern es geht darin auch um euch selbst, um euer, um unser ewiges Leben. Und auch umgekehrt: Wenn es keine Auferstehung gibt, wenn mit dem Tode einfach alles aus ist, dann ist auch Christus nicht auferstanden, dann ist auch mit ihm alles aus, dann brauchen wir von ihm nicht mehr zu sprechen (1 Kor 15,13–15).

An Auferstehung und ewiges Leben zu glauben – andere Stichworte sind »Heil«, »Rettung«, »Erlösung« –, das ist gleichsam der springende Punkt des Christseins, der Kern des Glaubens, das A und O. So sah es Paulus, und so wird man es wohl auch heute noch sehen dürfen und müssen. Ein guter Freund von mir sagte einmal, als wir bei gutem Essen und Trinken zusammensaßen und wieder einmal über alles mögliche, Gott und die Welt, räsonierten: »Weißt du, all das, womit du dich in der Theologie abgibst und worüber du dicke Bücher schreibst, das ist ja alles schön und gut und sicher wichtig und hochinteressant. Aber für mich ist eigentlich nur eins wichtig. Wenn ich mich nämlich frage, warum ich gläubiger Christ bin, dann muß ich sagen: Weil ich mir nicht vorstellen kann, daß mit dem Tode alles aus sein soll. Daß dieses Leben alles gewesen sein soll. Das kann doch nicht wahr sein. Da muß doch noch etwas kommen. *Wie* das gehen soll, das weiß ich zwar auch nicht so genau, das wird sich dann schon herausstellen. Das ist ja jetzt auch noch nicht so wichtig. Darüber, *wie* das gehen soll, könnt ihr Theologen ja nachdenken, das ist euer Beruf. Aber *daß* mit dem Tode nicht einfach alles aus ist mit uns, davon bin ich überzeugt. Und das ist für mich das wichtigste am ganzen Glauben, am Christentum, an der Kirche.«

Nicht zuletzt darum soll es in diesem Buch gehen: meinem Freund darin recht zu geben, daß Glauben an ewiges Leben das wichtigste ist. Und dies sogar in dem Sinne und deshalb, weil im »Glauben an ewiges Leben« all die vielen weiteren sogenannten Glaubenswahrheiten prinzipiell auch schon enthalten sind. Somit werden wir uns Gedanken darüber machen müssen, was das eigentlich ist: »glauben«, »glauben an ewiges Leben«. Die Überzeugung, daß »Glauben an ewiges Leben« das wichtigste und der Kern des Christentums, das »proprium christianum« sei, soll ja hier nicht nur wiederholt werden. Sie soll begründet und so als richtig erwiesen werden. Und dazu muß eben genauer, gründlich darüber nachgedacht werden, was eigentlich mit den Worten, Begriffen und Formeln wie »Glaube an ewiges Leben, an ein Jenseits«, »Unsterblichkeit«, »Auferstehung« gemeint ist, was hinter ihnen steht bzw. in ihnen steckt. Und da nach christlicher Überzeugung Jesus Christus, der »Erstgeborene aus den Toten«, *der* Auferstandene und Lebende ist (sozusagen der Garant dafür, daß auch wir auferstehen und leben werden), müssen wir auch danach fragen, wie es denn eigentlich damals, vor fast 2000 Jahren zu dieser Überzeugung von Jesu Auferstehung gekommen ist, die seitdem der konstitutive Kern des Christlichen ist, mit dem unser Christsein als solches steht und fällt, von dem alles weitere Christliche abhängt.

1.1 Zur heutigen Notwendigkeit konzentrierender Reduktion

Ein anderer Freund fragte mich, indem er auf mein Buch »Glaube und Dogma« zeigte: »Sag' mal ehrlich, glaubst du das eigentlich wirklich *alles*?« Antwort: Was heißt das »alles«. So viel ist da gar nicht zu glauben. Das »alles« – also die ganze Dogmatik mit ihren vielen Einzelheiten –, das hängt nur an einem einzigen Punkt. Richtiger: Es hängt nicht daran, sondern all die vielen Einzelheiten sind bereits in dem einen »Punkt« enthalten: Ich glaube an Auferstehung und ewiges Leben. Der eine Punkt ist also nicht ein bloßer Punkt, sondern er hat alles in sich. Dieses »alles« dann auszuführen, zu konkretisieren, das ist eigentlich kein nochmaliges weiteres, anderes Glauben, sondern ein konsequentes Durchdenken dessen, was mit »Glauben an Auferstehung und ewiges Leben« gesagt sein soll. Glauben an Auferstehung und ewiges Leben ist ja nicht nur blind, ohne jedes Wissen, ohne jeden artikulierten Inhalt. Ich glaube nicht nur, sondern ich glaube eben an Auferstehung und an ewiges Leben. Mit »an Auferstehung und ewiges Leben« habe ich also etwas, über das ich nachdenken kann: Was ergibt sich alles, wenn ich annehme, eben glaube, daß es Auferstehung und ewiges Leben gibt? Und all dies durchzufragen und durchzudenken, das ergibt das »alles«.

Alle theologischen Überlegungen und Spekulationen sind Entfaltungen des Sachverhaltes: Ich glaube an Auferstehung und ewiges Leben. Im folgenden wird es noch nicht um diese Entfaltungen gehen, also um die vielen weiteren Wahrheiten des christlichen Glaubens. Das soll Sache weiterer Bände sein: Dem Credo nachgehend werden sie die Lehre von Gott, dem Schöpfer, und seiner Schöpfung, die Lehre von Jesus Christus, unserem Herrn, und die Lehre von der Kirche als dem Werk und Raum des Geistes Gottes darlegen. Diese Glaubenslehren/Dogmen sind jeweils konkrete Entfaltungen und Auslegungen des Grundlegenden und Ersten: des Glaubens an Auferstehung und ewiges Leben. Somit enthält der hier vorliegende Band sozusagen das Einleitungskapitel der ganzen christlich-kirchlichen Dogmatik. Das ist nicht als

Abwertung des übrigen gemeint, als ob es nur nebensächlich sei. Erst recht nicht als eine Reduktion des christlichen Glaubens in dem Sinne, daß das übrige nur überflüssiger Ballast sei, den man getrost abwerfen könnte. Von »Reduktion« kann anderseits sehr wohl die Rede sein. In dem Sinne nämlich, daß der Leser dieses Buches zurückgeführt und verwiesen wird auf den eigentlichen Kern und das tragende Fundament seines Glaubens. Auf den Kern, in dem, wie man eben sagt: »in nuce« alles weitere schon enthalten ist, auch wenn es noch nicht so offen am Tage liegt.

Es scheint, daß eine solche Reduktion im Sinne einer Zurückführung auf das Wesentliche und Einfache gerade in der heutigen Zeit sinnvoll, ja, notwendig ist. Selbst um den Preis, daß das in den Augen der einen oder anderen nach Reduktionismus aussieht: Der christliche Glaube in seiner wahren Fülle sei mehr als nur Entfaltung des Sachverhaltes, daß wir an so etwas wie ewiges Leben glauben; so einfach verhalte es sich mit dem christlichen Glauben nun doch nicht; so geistig anspruchslos sei er nicht.

Ob Glauben an Auferstehung und ewiges Leben wirklich so einfach und anspruchslos ist, das bleibe erst einmal dahingestellt; ich denke, daß er »es in sich hat«. Aber was das Anspruchsvollere des »wahren christlichen Glaubens« angeht, so meine ich, mit der Annahme nicht ganz falsch zu liegen, daß das den größten Teil des christlichen Volkes heute gar nicht mehr interessiert. Daß das für die meisten Christen Dinge sind, über die sich Theologen und Kirchenmänner und -frauen unterhalten oder streiten mögen, die sie aber nicht wirklich berühren. Das sogenannte Anspruchsvollere des christlichen Glaubens dürfte inzwischen eine ziemlich esoterische Angelegenheit hauptamtlicher Kirchenfunktionäre geworden sein.

Nun besteht aber die Kirche nicht zunächst aus den Amtsinhabern und um ihretwillen. Sondern die Kirche, das sind zunächst einmal die getauften Christen. (Von den verschiedenen Konfessionen sehe ich hier ab.) Und deren Glaube ist nun einmal, verglichen mit dem, was man früher glaubte bzw. zu glauben hatte, heute ein auf ein Minimum geschrumpfter Glaube. Ja, wer sagt, er glaube an ewiges Leben, ist heute fast schon ein Paradechrist. (Es soll sogar Pfarrer geben, die auch das nicht mehr glauben.) Nun ist aber wie gesagt die Kirche das Volk der Getauften; der Christen also, die – ich übertreibe ein wenig – gerade noch und bestenfalls an ein ewiges Leben glauben. Also wäre dieser Glaube sozusagen der harte Kern auch des Kircheseins. Und es dürfte dann doch nur im Interesse der Kirche sein, diesen Kern ins Auge zu fassen und zu sehen, daß darin »im Prinzip« das Übrige schon enthalten ist. – Um des Glaubens willen scheint es mir angesichts der geistigen Situation unserer Gegenwart schlichtweg notwendig zu sein, daß auch die Theologie ganz bewußt noch einmal sozusagen ganz klein von vorne beginnt.

Bekanntlich lautet eine der vielen kirchen- und christentumkritischen Thesen: Statt sich um das Diesseits zu kümmern, um die wirklichen Nöte und Bedrängnisse und Ungerechtigkeiten in der Welt, wurde das Christentum zu einer Jenseitsreligion. Der Glaube an ewiges Leben und himmlische Herrlichkeit, die Hoffnung auf ein besseres Jenseits war wichtiger als die Sorge um ein diesseitiges menschenwürdiges Leben in Gerechtigkeit. Religion war das Opium des dahinvegetierenden Volkes, ja, wurde ihm verabreicht als Opium für das Volk. Wenn es nun darum gehen soll, daß Glauben an ewiges Leben der eigentliche Kern des Christlichen sei, ist das nicht geradezu ein Rückschritt? Ein Rückfall in eine Mentalität, die die Kirche allmählich zu überwinden versucht? In eine Mentalität, die der heutige Mensch und auch der normale Durchschnittschrist bereits hinter sich gelassen hat? Soll das Rad der Geistesgeschichte wieder zurückgedreht werden? Soll die Kirche im Geiste wieder zu einem Kloster werden, deren Insassen ganz auf ihr und der Welt Ende fixiert sind? Geht es um den Versuch einer Erneuerung der abhanden gekommenen »ars moriendi«?

Keineswegs! Es geht nicht darum, sich an zukünftigen himmlischen Herrlichkeiten zu berauschen und sich darüber mit den gegenwärtigen Trübseligkeiten, Ungerechtigkeiten und Widerwärtigkeiten abzufinden oder sie gar so zu rechtfertigen. Im Gegenteil! Richtig verstanden ist Glauben an ewiges Leben gerade kein Opium, dessen Wirkung nur Lähmung und Zerstörung des Lebens im Diesseits wäre. Richtig verstanden ist er vielmehr ein Stimulans, eine Kraftquelle des jetzigen menschlichen Lebens. Nicht ein Licht, das nur wie ein Punkt in der Ferne des Jenseits flackert, ohne das Dunkel des Diesseits heller zu machen, sondern ein Licht, das *in* der Welt leuchtet und das Diesseits heller macht. Jedenfalls heller machen müßte, befreiend wirken würde. Befreiend und Kräfte mobilisierend dazu, im Diesseits menschlicher miteinander umzugehen, die Welt mit anderen Augen zu sehen und zu gestalten, als wenn mit dem Tode alles aus wäre.

1.2 Glauben verantworten

Ein besonderes Anliegen dieses Buches ist es zu zeigen, daß Glauben an Auferstehung und ewiges Leben, an ein Jenseits, sich auch heute durchaus verantworten läßt. Daß, mit anderen Worten gesagt, es durchaus vernünftig ist, an Auferstehung und ewiges Leben, an ein Jenseits zu glauben. Nicht, als ob hier der Glaube auf Wissen reduziert werden sollte! Vielmehr ist folgendes gemeint: Sowohl vom Inhalt des Glaubens als auch vom Glauben als menschlichem Akt, als Überzeugtsein, läßt sich zeigen, daß es sich um etwas durchaus Menschliches und in diesem Sinne »Vernünftiges« handelt. Jedenfalls nicht um etwas Irrationales, Widervernünftiges, Unlogisches, Undenkbares. Es handelt sich nicht um etwas in sich selbst Widersprüchliches; nicht um etwas, von dem man gar nicht verständlich sprechen könnte; nicht um etwas schlechthin anderes, zu dem gar nichts Vernünftiges gesagt und gedacht werden könnte, zu dem man nur schweigen könnte. Glauben an ewiges Leben und Jenseits, das hat mit Esoterik, die sich mit dem Mantel undurchsichtiger Geheimnishaftigkeit umgibt, nichts zu tun. Ganz im Gegenteil. An ewiges Leben, an ein Jenseits zu glauben, das ist, richtig verstanden, eine durch und durch vernünftige, menschliche Möglichkeit: geradezu die vernünftigste Sache der Welt. Eine Möglichkeit (ich sage nicht: Notwendigkeit!), die dem Wesen des Menschen in seiner Geschichtlichkeit und Rationalität zugleich jedenfalls entsprechender ist, als so vieles andere, das als der letzte Schrei auf dem Markt der Weltanschauungen angeboten wird.

Auf »Vernünftigkeit«, »Vernunftgemäßheit« und in diesem Sinne auf Menschlichkeit seines Glaubens hat das christliche Denken immer großen Wert gelegt. Auch wenn es ebenfalls darum wußte, daß es beim Inhalt des Glaubens um mehr geht, als um sogenannte bloße natürliche Vernunftwahrheiten. Das Mehr war ihm jedenfalls nichts *Wider*vernünftiges oder *Wider*natürliches, sondern *über*-vernünftig oder *über*-natürlich. In ihm kommt das Natürlich-Vernünftige zur Vollendung. Zu einer Vollendung, die freilich nicht von ihm selbst zu machen, zu leisten, zu erzwingen ist, die ihm vielmehr geschenkt ist; die es nur als Geschenk/Gnade empfangen kann. Die indes doch *seine* Vollendung ist, durch die es, das Natürlich-Vernünftige vollendet *wird*. »Gratia non destruit, sed supponit et perficit naturam«, so lautete ein klassisches Axiom traditioneller Theologie: Gnade zerstört nicht, widerspricht nicht dem Natürlich-Vernünftigen, sondern setzt es voraus und vollendet es, führt es zu seiner *Voll*endung. Diese Überzeugung von der »Vernünftigkeit« und »Vernunftgemäßheit« des christlichen Glaubens sieht sich heute in weitaus größerem Maße herausgefordert bzw. in Frage gestellt als je zuvor. »Die Wissenschaften« reklamieren heute das Monopol der Vernunft für sich. Der Glaube bzw. das Nachdenken über ihn befindet sich damit in einer prekären Entscheidungssituation: Soll er sich zurückziehen in eine esoterische Ecke, die mit Vernunft und Rationalität nichts zu tun haben will? Soll er sich nur mit sich selbst begnügen und sich allein vor sich selbst verantworten? Soll er für sich eine »andere Vernunft« reklamieren? Oder soll sich der Glaube als vernünftig und rational genug verstehen, um auch den Standards genügen zu können, die in einer von Rationalität geformten Welt billigerweise in Geltung sind? Standards, die verlangen, daß Aussagen zumindest hinsichtlich dessen, *was* sie sagen, verständlich und von jedem Vernünftigen nachvollziehbar zu sein haben.

Schon im sogenannten ersten Petrusbrief, der in den achtziger oder neunziger Jahren des ersten Jahrhunderts verfaßt wurde, heißt es im dritten Kapitel, die Christen sollen jederzeit bereit sein zur Verantwortung gegenüber jedem, der Rechenschaft fordert über die Hoffnung, die sie haben (1 Petr 3,15). Ihre Hoffnung, das ist nichts geringeres als ihr Glauben an ewiges Leben. Dieser Glaube ist in den Augen anderer eine fragwürdige, wenn nicht gar lächerliche Sache. Für sie ist mit dem Tode alles aus.

Der Verfasser von 1 Petr fordert die Gläubigen also auf, sich nicht in ein Schneckenhaus zurückzuziehen. Gewiß, vor allem mit einem vorbildlichen Lebenswandel sollen sie die anderen beschämen (3,16). Aber es geht nicht nur um ein Verantworten des Glaubens durch konkrete Praxis. Rechenschaft über den Glauben ablegen, das verlangt auch ein geistig-theoretisches Standhalten angesichts des Vorwurfs, Glauben an ewiges Leben sei unsinnig, denn mit dem Tode sei alles aus. Das verlangt, wenn es wirklich ein Verantworten sein soll, als Antwort auch mehr als ein bloßes »Ich glaube eben« oder »Wir glauben eben«. Es verlangt, auch den Grund oder die Gründe zu nennen, die ein solches Glauben als verantwortbar und nicht nur unverantwortlich und willkürlich erscheinen zu lassen.

1 Petr 3,15 fordert den Glaubenden also auf, sich, seinen Glauben zu verteidigen, zu rechtfertigen. Ein *bloßes* Festhalten am Glauben käme ja dem Eingeständnis gleich, nichts spräche wirklich für ihn, wirklich zu verantworten sei er nicht. Der Behauptung, er sei unsinnig, sinnlos, da mit dem Tode alles aus sei, stünde er hilflos gegenüber. Das spräche erst recht gegen ihn. Doch wie könnte seine Verteidigung aussehen?

Allein auf die *Praxis* zu verweisen (s. 1 Petr 3,16) bringt nicht sehr weit, wenn es um die *Wahrheits*frage geht. Leicht ließe sich ja sagen: Die christliche Praxis ist zwar *Folge* des Glaubens an ewiges Leben, aber nicht sie, die Praxis, sondern dieser Glaube bzw. seine Wahrheit steht auf dem Prüfstand der Verantwortbarkeit.

Die Wahrheit dieses Glaubens den anderen *beweisen* zu wollen, das dürfte ein vergebliches Unterfangen sein. Direkt, das hieße durch Augenschein, ohnehin nicht. Aber auch nicht indirekt: Als ob es unbezweifelbare Tatsachen in der

Welt gäbe, die zwingend die Schlußfolgerung nach sich zögen: Also *muß* es »ewiges Leben« geben. Ob es überhaupt so etwas wie »*zwingende* Beweise« gibt (oder nur Gewohnheit des Denkens), bleibe hier dahingestellt. Was jedenfalls den Glauben an ewiges Leben betrifft, so ist ein Beweisen dieses Glaubens sicher ausgeschlossen. Dieser Glaube ist auch christlicherseits, d. h. für den Glaubenden selbst, nicht in beweisbares oder bewiesenes Wissen zu überführen. Dagegen steht nämlich nicht zuletzt, daß »ewiges Leben« Gegenstand des christlichen *Glaubens*bekenntnisses ist. Was aber im kirchlichen Credo enthalten ist und bekannt wird, das sind »Glaubenswahrheiten«. Wahrheiten also, die der Mensch nicht schon mit seiner, wie man sagt, natürlichen Vernunft erkennen, wissen und als wahr beweisen kann. Die er nur freiwillig glauben kann.

Es ist eben nicht so, daß diese im Credo gläubig bekannten Dinge nur für die Ungebildeten, für die Dummen »*Glaubens*tatsachen« wären. Wohingegen dieselben Dinge für die Gebildeten, Klugen eine Sache des Wissens und Beweisens wären.

Im übrigen läßt sich allen vermeintlichen Beweisen der Wahrheit eines ewigen Lebens nachweisen, daß in ihrer Beweisführung bereits Voraussetzungen enthalten sind, die anzunehmen selbst schon ein mehr oder weniger bewußtes Glauben verlangte; »Glauben« jedenfalls im weiteren Sinne des Für-wahr-Haltenwollens.

Sinn und Ziel des Verantwortens des Glaubens an ewiges Leben muß aber doch sein, *den anderen* verständlich zu machen, was es mit einem solchen Glauben auf sich hat. Damit setzen wir voraus, daß Glauben an ewiges Leben etwas allgemein Verstehbares sei, etwas, worüber man sich unterhalten kann, was man in etwa begreifen kann. »Glauben an ewiges Leben« ist kein schlechthinniges Fremdwort, steht nicht für ein den anderen unzugängliches ignotum X. So daß der Glaubende eigentlich nur sagen könnte: Du mußt dran glauben, *erst dann* verstehst du, was gemeint ist. Das wäre eben kein Verantworten vor den anderen. Genausogut könnte

derjenige, der seinen Glauben an ewiges Leben nur so, nämlich mit einem »Du mußt erst selbst glauben, dann verstehst
du, was gemeint ist«, verantworten will, sagen: »Was Glauben an ewiges Leben ist, das kannst du gar nicht verstehen,
dazu bist du zu dumm.« Oder auch: »Das kann ich nicht
sagen, dazu bin ich zu dumm.«

Der Glaube an ewiges Leben soll aber verantwortet werden. Er will es sogar in eigenem Interesse. Denn der Vorwurf,
an Auferstehung und ewiges Leben zu glauben sei unsinnig,
unvernünftig, trifft ja auch den Glaubenden selbst im Innersten, wenn er nicht einfach weghört und sich die Ohren
zuhält. So ist ein Verantworten des Glaubens, das mehr sein
müßte, als eben nur zu glauben, nur dann und insoweit möglich, als der Glaubende ihn als einen auch vernünftigen Glauben versteht und darlegt: als einen Glauben, *über* den man
sprechen kann, weil er eben nicht nur ein »reines Glauben-
wollen als solches« ist, sondern auch ein *Wissen* darum, *was*
er glauben will und *warum* eigentlich.

1.3 Glauben und Wissen

Wie gesagt ist klar, daß ein Verantworten des Glaubens nicht
ein Beweisen und Nachprüfen der Sache selbst sein kann.
Dann brauchten wir nicht zu glauben, sondern nur hinzuse-
hen. Der Nachweis der Verantwortlichkeit des Glaubens an
ewiges Leben und ein Jenseits kann nur darin bestehen, daß
gezeigt wird: Dies zu glauben, das ist durchaus menschlich-
vernünftig. Und zwar ist es menschlich-vernünftig sowohl
als *Glaubensakt* als auch seinem *Inhalt* nach. Wir können
den Glauben an ewiges Leben und ein Jenseits ja einmal mehr
hinsichtlich des Inhaltes betrachten, also hinsichtlich dessen, *was* geglaubt und für wahr/wirklich gehalten wird. Wir
können ihn auch daraufhin betrachten, daß es sich hierbei um
einen menschlichen Akt, um eine menschliche Überzeugung
oder Einstellung handelt. Beide Seiten gehören aber zusammen, sie bilden das eine Glauben an ewiges Leben und ein Jenseits! Das festzuhalten ist von entscheidender Bedeutung.

Denn es geht hier nicht um ein nur rein subjektives »Glauben überhaupt«, das ohne jeden Inhalt und »Gegenstand« wäre. Das nur irgendwie eine Stimmung oder ein leeres Gefühl wäre. Dergleichen gibt es sicher auch. Doch das ist eben, nur so genommen, nur ein subjektives Gestimmtsein, aber noch nicht Glauben-an-*etwas*. Ebensowenig geht es um ein rein objektives Beschreiben von Dingen, die eben in ihrer Objektivität zu besichtigen wären. Es geht darum, daß Menschen, also Subjekte und somit durchaus »subjektiv«, von *etwas* (ewiges Leben, Jenseits) als wirklich überzeugt sind; daß *sie* »subjektiv« von der Objektivität dieses »Etwas«, das »ewiges Leben« und »Jenseits« heißt, überzeugt sind.

Sagen wir für »Glauben« Für-wahr-Halten oder Überzeugtsein-von, so ist es immer ein Für-wahr-Halten von *etwas* oder ein Überzeugtsein von *etwas*. »Von etwas«, d. h. daß der Glaubende sich immer etwas Bestimmtes, etwas Konkretes dabei denkt oder vorstellt. Auch wenn er dabei nur noch schemenhaft oder irgendwie weiß, worum es ihm geht. Auch wenn er dabei weiß: So genau wie die anderen Dinge darf ich mir das nicht vorstellen. Ohne jedes Etwas hätte er ja nichts, *was* zu glauben, *was* für wahr und wirklich zu halten wäre, *wovon* er überzeugt sein könnte. Mit diesem »Objektivismus« ist der Glaube also auch ein *wissender* Glaube. Wissend in dem Sinne, daß er weiß, worum es ihm geht. Glauben an ewiges Leben oder Jenseits, das heißt: Es geht um den/die Menschen, nämlich *ihr* ewiges Leben, es geht um »den Himmel«, es geht um »das Jenseits des *Diesseits*«. Der entscheidende Punkt, auf den es hier ankommt, läßt sich auch so verdeutlichen: Glauben ist gewiß ein menschlicher Akt, insofern also etwas Subjektives, aber es ist kein subjektivistischer Akt in dem Sinne, daß es dem Subjekt, eben dem Glaubenden, *nur um sich selbst ginge*. Ein bloßes Selbst, ein reines Subjekt, ein bloßes Ich, das ist eine abstrakte Begriffskonstruktion, die mit dem wirklichen Menschen und seinem Glauben nichts mehr zu tun hat. Glauben gilt dem *Anderen*. Es ist Erkennen des Anderen, und Erkennen ist immer auch wertend, erkennend nämlich im auch forensischen Sinne des schätzenden, anerkennenden (auch abwertenden, abwehrenden) Urteilens. Was aber soll dieses *Andere* des Glaubens, des

Glaubenden sein? Das *Andere,* das »Gegenstand« sowohl seines *Wissens* als auch seines Glaubenwollens, also seiner Glaubens*erkenntnis* ist?

So provokativ es sich zunächst anhören mag: Es geht dem Glauben an Auferstehung und ewiges Leben nicht um Gott, sondern, ganz allgemein formuliert, um die *Welt,* um *ihr* ewiges Leben, um *ihr* Jenseits, um *ihr* »Heil«.

Selbstverständlich weiß der Glaube *irgendwie* auch um Gott. So nämlich, daß er unwillkürlich spürt und weiß: So etwas wie ewiges Leben, Jenseits, Himmel, Heil usw., das kann es nur geben, wenn über, hinter und in allem Endlichen, um das es ihm geht, eine wirklich *un-endliche* Heilsmacht waltet. Aber das ist ein irgendwie »unthematisches Wissen«, das nicht den eigentlichen Kern seines Glaubens ausmacht. Der Kern seines Glaubens, also das, *was* er eigentlich *will* und *woran* er glaubt, ist ewiges Leben und Jenseits, kurz: das Heil des Diesseits, der Welt. Was »Gott selbst« betrifft, so ließe sich fragen: Was soll der Glaube mit einem Un-endlichen eigentlich anfangen? Mit Un-endlich ist ja gerade gesagt, daß er mit ihm selbst nichts anfangen kann. Ja, es ist (denken wir an das biblische Bilderverbot, welches besagt: Du sollst Gott nicht zu deinem Heinzelmännchen machen!) geradezu verboten, mit ihm »etwas anfangen« zu wollen. Hieße dies doch, ihn, den Un-endlichen, wie sonst Anderes erkennen, werten und einschätzen wollen.

Wie gesagt: Selbstverständlich ist für den Glauben an ewiges Leben und Jenseits irgendwie auch Gott mit im Spiel. Doch daß, wenn, dann nur ein unendlicher Gott für dergleichen einstehen kann; daß also ewiges Leben und Jenseits »Gnade« und nicht vom Glaubenden selbst herstellbar sind, das ist für den Glaubenden selbstverständlich und, wie man sagen könnte, in seinem Glaubenwollen impliziert. Aber eigentliches »Objekt«, eigentlicher »Gegenstand« seines Glaubens ist nicht der unendliche Gott als solcher, sondern ist das »Heil der Welt«, d. h. *ihr* ewiges Leben und Jenseits.

Daß der unendliche Gott das eigentliche »Objekt«, das »Etwas«, das »Gegenüber« des Glaubenden und seines Glaubens sei, das ist eine Behauptung und Redeweise nicht des

Glaubens, sondern der *Theologie*, der *Theologen*: nämlich Ergebnis ihrer zusätzlichen Reflexion *über* den Glauben. Sie kommt dabei zu dem an sich richtigen Ergebnis, daß dieser Glaube nur dann und deshalb wahr sein kann, wenn und weil ein unendlicher Gott ist; was im übrigen der Glaubende selbst schon irgendwie weiß. Dann aber geht sie einen Schritt weiter und sagt: Also ist dieser unendliche Gott selbst das eigentliche Was, der eigentliche Gegenstand des Glaubens. Damit widerspricht sie aber genaugenommen sich selbst. Denn sie macht den Un-endlichen wieder zum Gegenstand. Zugleich überfordert sie gewissermaßen den Glauben der Menschen. Denn sie verlangt von ihnen, an ein Etwas zu glauben, das doch nach ihrer eigenen Lehre gar kein Etwas, kein wirkliches Gegenüber usw. sein kann. Der Glaubende, der Mensch solle »an etwas« glauben, solle für wahr und wirklich halten, was er weder denken noch gar in Worten ausdrücken kann. (Weiter dazu S. u. 5. Kapitel 2.)

Wir denken dazu wiederum an Paulus. Für ihn ist *Jesu* Auferweckung und Leben der Kern des christlichen Glaubens überhaupt. Selbstverständlich ist für Paulus auch, daß *Gott* Jesus auferweckt hat und daß *Gott* auch uns auferwecken wird. Wer sonst als Gott sollte dies auch vermögen! Schließlich soll auch gar nicht bestritten werden, daß Pauli Briefe mannigfaltige theologische Ausführungen, Überlegungen und Reflexionen enthalten, die Gott betreffen. Paulus ist ja auch spekulativer Theologe, und als solcher macht er sich auch über Gott Gedanken – um freilich immer wieder bei der Unbegreiflichkeit Gottes selbst zu enden. Fragt man aber nach dem eigentlichen Herzstück, nach der Mitte seines Glaubens, und somit auch seiner Theologie, so ist das der auferweckte Herr. Das ist eigentlich seltsam, da Paulus den irdischen Jesus persönlich gar nicht kannte. Doch wie auch immer es zu dieser paulinischen Sicht seines Glaubens gekommen ist, so ist es doch keine Frage, daß Glauben für Paulus ein Sichbeziehen auf den Auferweckten, auf Jesus Christus ist. Das heißt: Nicht Gott, sondern Jesus Christus – der für ihn selbstverständlich der Herr, aber nicht Gott ist! – ist der »eigentliche Gegenstand« seines Glaubens. Besonders deutlich wird das, wenn wir sehen, daß für Paulus das Ziel und die Vollendung seines Lebens und somit seines Glaubenwollens das Beim-Herrn-Sein ist, nämlich ewiges Leben und Zusammensein mit Jesus Christus im Himmel.

Daß das alles für Paulus *Gottes* Heilswerk, *seine* »Rechtfertigung« der Welt ist, das ist überhaupt keine Frage. Aber daß Gott alles wirkt, weil er der Unendliche ist, das wußte wohl auch schon der junge Rabbinerschüler Saulus. Für Paulus ist aber nicht Gott »Gegenstand«, Mitte und »Ziel« seines Glaubens, sondern der Mensch und Herr Jesus Christus. Das heißt aber, nun etwas allgemeiner formuliert: Glauben gilt einer durch und durch irdisch-geschichtlichen, geschöpflichen Wirklichkeit, eben dem irdisch-geschichtlichen Jesus, der jetzt auferweckt, im Himmel ist; und gilt dementsprechend auch uns, die wir glauben, wie er zu ewigem Leben mit ihm auferweckt zu werden. Auch für Paulus ist Glauben nicht »nur« Glauben, sondern auch Wissen. Denn er *weiß* sehr wohl, wovon, von wem er spricht, *was* er glaubt. Nicht um irgendein Jenseits geht es ihm, sondern um das Jenseits des *Diesseits*, um das Heil der *Welt*, die für ihn selbstverständlich Schöpfung Gottes ist.

Auch Jesus Christus ist für Paulus selbstverständlich *nicht* Gott, sondern nur Mensch und Geschöpf. Und dies sowohl als Irdischer, Gekreuzigter und Auferweckter, als auch als Präexistenter! Daß Paulus die Vorstellung einer Präexistenz Jesu (Jesus existierte schon zeitlich vor seinem irdischen Dasein, nämlich oben, im Himmel, also bei Gott) kennt und benutzt, sie also doch für zutreffend hält (auch wenn sie keinen besonders breiten Raum in seinen Briefen einnimmt), leidet keinen ernsthaften Zweifel. Die Stellen Phil 2,6ff; 2 Kor 8,9; auch 1 Kor 10,4 sind ohne diese Präexistenzvorstellung gar nicht zu verstehen und lassen sich nur durch gewaltsam verharmlosende »Interpretation« »entschärfen«. Statt solcher exegetischer Verrenkungen dürfte es endlich angebracht, ja, notwendig sein, nachdrücklich den Finger darauf zu legen, daß Paulus, *erstens*, in der Tat eine mythologische, für uns unmögliche Vorstellung im Kopf hat. Daß, *zweitens*, auch für ihn der präexistente Jesus Christus *nicht* Gott ist,

24

also nur ebenso Geschöpf ist, wie er es in seinem In-der-Welt-Sein war. Daß somit, *drittens*, sämtliche (nun systematisch-dogmatischen christologischen) Versuche, die paulinische Christologie mit ihrer Präexistenzvorstellung zum Zeugnis für eine Göttlichkeit oder wahre Gottheit oder wahre göttliche Natur Jesu Christi zu machen, nichts geringeres sind als eine Vergewaltigung Pauli, mag sie noch so gut gemeint sein. (Dasselbe trifft übrigens auch für die johanneische Präexistenzvorstellung sowie für die der Deuteropaulinen zu. Zu Paulus und Johannes s. Verf., Gott in Welt, St. Ottilien 1988, 18–41.290 ff.) Bei Dogmatikern könnte man diese Vergewaltigung ja noch damit etwas entschuldigen, daß sie neutestamentliche Texte eben nur durch eine dogmatische Brille zu lesen gelernt haben und es damit im übrigen immer noch so halten, wie es die systematisch-dogmatische Theologie von Anfang an getan hat. Daß aber Exegeten (deren erste Aufgabe es doch ist zu sagen, was ein Paulus oder was ein Johannes *sich selbst* vorgestellt haben und was nicht – so auch die Konstitution »Dei verbum« 3,12 des Vatikanum II über die göttliche Offenbarung!) hier den Dogmatikern noch sekundieren, statt klar zu sagen, daß die neutestamentliche Präexistenzvorstellung mit einer wahren Gottheit usw. Jesu Christi nichts zu tun hat, sondern eben eine mythologische Vorstellung ist, das ist eigentlich nicht zu entschuldigen – es sei denn damit, daß sie es entweder selbst auch noch gar nicht gemerkt haben oder aber aus lauter »Respekt« vor der Dogmatik nicht offen sagen wollen.

Systematisch-dogmatische Christologie, die ja nach eigenem Selbstverständnis Interpretation der neutestamentlichen Christologie sein will – und für keinen einzigen neutestamentlichen Autor ist Jesus Christus Gott! –, hätte also, *erstens*, ohne den ominösen Satz auszukommen, Jesus Christus sei (und sei es auch nur irgendwie) Gott. Sie hätte, *zweitens*, zu zeigen, warum und wie es in der Theologie- und Dogmengeschichte überhaupt zu dieser Behauptung gekommen ist. (Dazu s. Gott in Welt, a. a. O., 42–80.) Und *drittens* hätte sie zu zeigen, daß und wie das eigentliche Glaubensinteresse, das hinter dieser Theologie- und Dogmengeschichte stand, auch in einer »Christologie ohne Gottheit Jesu Christi« gewahrt, ja, in ihr besser aufgehoben werden kann.

Dahin kommt sie im übrigen auch schon, wenn sie nur einmal das chalcedonensische Dogma von der wahren *Gott*heit des wahren Menschen Jesus Christus beim Wort nimmt, den Stier sozusagen bei den Hörnern packt: Indem sie nämlich ernsthaft darüber nachdenkt, *was* denn nun mit *Gott*heit, »*göttliche* Natur«, »*göttliches* Wesen« usw. wirklich gesagt bzw. nicht gesagt sein kann. Wenn sie also das Dogma von Chalcedon genau durchbuchstabiert, es konsequent *durch*denkt, statt gleichsam nur verlegen vor ihm stehen zu bleiben und an ihm herumzuinterpretieren. Dann wird klar, daß gerade das chalcedonensische christologische Dogma keine nur enge Pforte ist, sondern zugleich ein weit offenstehendes Tor. Ich stehe sogar nicht an zu sagen: das vernünftigste Dogma des christlichen Glaubens. In es läßt sich dann auch der Glaube des Paulus (um nur ihn zu nennen) wieder voll einbringen, und zwar ohne daß es der Übernahme seiner mythologischen Vorstellungen von einer besonderen Präexistenz Jesu Christi und auch sonstiger theologischer Spekulationen, die ja nicht einfach mit seinem Glauben identisch sind (!), bedürfte.

Gegenstand des Glaubens ist also, nun wieder ganz allgemein gesprochen, das Heil der *Welt, ihr* ewiges Leben, *ihr* Jenseits. Das ist im übrigen in allen Religionen so, erst recht im christlichen Glauben. Dementsprechend sehen die konkreten Vorstellungen und Inhalte des Glaubens aus: Immer geht es um die jeweilige geschichtliche Welt des Menschen, nicht um eine andere. *Sie* soll »heil« werden. *Sie* soll besser, anders, erlöst, gerettet usw. werden. Auch die Redeweise von einer anderen, neuen Welt meint nicht eine wirklich andere Welt, sondern diese Welt des Glaubenden, die erneuert und so besser sein wird, als sie jetzt erfahren wird. Eine wirklich andere, im wörtlichen Sinne neue Welt ginge den Glaubenden nichts an, beträfe ihn gar nicht. Sie hätte ja mit ihm, mit seiner Welt und seiner Geschichte, mit seinem Glauben nichts zu tun.

Die religiösen Vorstellungen davon, wie nun das »Heil der Welt« aussieht, variieren natürlich. Die ewigen Jagdgründe sehen anders aus als das neue endgültige Reich Israel in der Welt oder die Auferweckung Jesu Christi. Daß das eine wie das andere nicht Menschenwerk ist, sondern »Werk« des jeweiligen Gottes ist (fachtheologisch gesprochen »Gnade« ist), werde er nun Manitou oder Jahwe oder Vater genannt, das ist für den Glauben selbstverständlich. Aber das geglaubte und erhoffte Werk und Wirken des jeweiligen Gottes ist eben ein selbst geschichtliches, welthaftes. Und es kann gar nicht anders gedacht und vorgestellt werden, als ein Geschehen an der eigenen Welt des Glaubenden.

Glauben an »ewiges Leben«, an »ein Jenseits«, das ist also sowohl von seiner Aktstruktur als auch von seinem Inhalt her gesehen etwas Menschliches, Diesseitiges, Geschichtliches. Er ist durch und durch diesseitsbezogen, auch wenn die Formeln »ewiges Leben« und »Jenseits« das eher überspielen. Denn ohne das Diesseits wäre der Glaube schlicht und einfach gegenstandslos, inhaltsleer und nichtssagend. So aber ist er auch Wissen, und insofern muß er sich auch verantworten lassen. Verantworten heißt dann: Dieses irdisch-geschichtliche Diesseits sehen, von dem der Glaubende zudem *über-*zeugt ist, will/möchte, daß es »auferweckt werde«, »ewig lebe«, »gerettet werde«, und sagen, was denn an diesem Diesseits diese Überzeugung zu rechtfertigen vermag.

An diesem Diesseits! Sich zur Rechtfertigung des Glaubens an Auferstehung und ewiges Leben nur auf Gott, seine Gnade, seinen Heilswillen usw. zu berufen, das ist zwar legitim, aber eben kein Verantworten des Glaubens denen gegenüber, denen »Gott« nichts besagt. Dasselbe gälte auch für ein Sichberufen auf *sein* Schöpfersein, das als solches *nur* transzendent, nur un-endlich wäre. Nein, was den Glauben an Auferstehung und ewiges Leben als ein nicht nur blindes, sondern auch verantwortbares, wissendes Glauben rechtfertigen könnte, das müßte etwas *an* der und *in* der Welt selbst Sichtbares, Wahrnehmbares sein. (So wie im übrigen ein Sichberufen auf *Gottes* Schöpfer-, Erhalter- und Vollendersein der Welt dies implizierte, daß dann *die Welt selbst* dementsprechend zu denken wäre, was auch immer »denken« dann des näheren sein mag.)

Gegenstandslos, inhaltsleer und so eigentlich blind war, wie wir sahen, weder Pauli Glaube, noch war es der Glaube der Apostel vor ihm. Auch sie waren überzeugt, daß Gott den von den Römern gekreuzigten, gestorbenen und begrabenen *Jesus von Nazareth* auferweckt habe und daß *er* lebe. Um diesen sogenannten Osterglauben geht es im folgenden. Zu fragen ist aber, was das »Gott hat Jesus auferweckt« (so die wohl erst spätere Kurzformel) damals, also zu »Ostern«, für sie eigentlich genau bedeutete, *was sie* also glaubten, *wovon sie* überzeugt waren. Und wir haben zu fragen, wie sie eigentlich zu dieser Überzeugung kamen: Gab es für sie damals bestimmte *diesseitige Tatsachen*, die sie zu der Überzeugung brachten, daß der Gekreuzigte lebe?

Beides sind streng historische Fragen, Fragen nach Wißbarem, »Sichtbarem«, Diesseitig-Geschichtlichem. Und ihre Beantwortung ergibt nichts geringeres als die *historische Erklärung* der Entstehung des sogenannten Osterglaubens. Die Entstehung des Osterglaubens *rein historisch* zu erklären, das entspricht lediglich dem geschichtlichen, diesseitsbezogenen Wesen menschlichen Glaubens überhaupt. Man mag zwar sagen, die Annahme, daß sich auch die Entstehung des Osterglaubens rein historisch erklären lassen müsse, das sei ein systematisch-dogmatisches Vorurteil. Doch dieses systematisch-dogmatische Vorurteil soll im folgenden seine Bestätigung finden: eben durch rein historische Erklärung der Entstehung des damaligen Osterglaubens der Apostel. Versuche dazu gibt es bekanntlich schon. Aber sie bleiben, wie wir sehen werden, historisch unwahrscheinlich, sie sind nicht wirklich plausibel. Bei dem hier vorgelegten passen alle Fakten zusammen – im Grunde so, wie es eben die historischen Apostel sahen.

Selbstverständlich kann eine historische Erklärung der Entstehung des Osterglaubens der Apostel im Ergebnis nicht mehr als eine historisch plausibel und so wahrscheinlich erscheinende Theorie oder Hypothese bieten. Doch ist das »nur wahrscheinlich« kein Einwand. Denn mehr als Wahrscheinlichkeit ist in historicis ohnehin prinzipiell gar nicht möglich.

Anderseits: *Wenn* einmal eine historisch plausible Erklärung vorliegt, die *alle* historisch unstrittigen Einzelfakten schlüssig in sich integriert (also weder unterschlägt noch gewaltsam umdeutet), dann erscheint es methodisch abwegig, immer noch zu behaupten, es sei doch auch eine ganz andere *historische* Erklärung möglich. Nur dann ist noch Raum für eine andere Theorie, wenn es, historisch nachweislich (!), noch andere Fakten gibt, die unerklärt geblieben sind und doch erklärt werden müßten. Weitere, selbst unstrittige historische *Fakten* also! Nicht *unbekannte* Möglichkeiten! Historik und ihr Erklären hat es als »positive« Wissenschaft zunächst einmal mit »positiven Fakten« zu tun und »sie zu wahren«. Mit anderen, historisch nicht verifizierbaren puren Möglichkeiten zu argumentieren, das heißt: nicht mehr streng historisch zu argumentieren, sondern willkürlich spekulierend aus dem Raum des historischen Denkens und des historisch Erkennbaren herausspringen; heißt: sich historischer Rationalität verweigern.

Wie der erste Osterglaube der Apostel aussah und wie es zu ihm kam, das ist aus den Schriften des Neuen Testamentes zu erkennen. Das Neue Testament, näherhin die synoptischen Evangelien und die Apostelgeschichte, sind dazu als historische Quellen zu untersuchen. Dazu sind sie zwar an sich nicht verfaßt worden. Die Evangelisten wollten nicht nur sachlich-neutral und distanziert von Vergangenem berichten. Daß sie aber auch so untersucht werden können und müssen, wenn gefragt wird, was denn damals wirklich geschah, dazu legitimiert und das fordert geradezu die Geschichtlichkeit und Menschlichkeit des christlichen Glaubens, demzufolge es um nichts geringeres als um »Auferstehung und ewiges Leben« des *Diesseits* geht.

2. KAPITEL
Die Entstehung des Osterglaubens

Glauben ist ein von Grund auf und durch und durch diesseitig-geschichtliches Phänomen, sowohl was das »Subjekt«, den Menschen betrifft, als auch was sein »Objekt« betrifft! Diesseitig-geschichtlich ist er auch als Glaube an ewiges Leben und Jenseits, wenn anders er ja das ewige Leben des/der *Menschen* und das Jenseits des *Diesseits* meint. Diese Geschichtlichkeit des christlichen Glaubens nur zu betonen hieße heute, offene Türen einrennen zu wollen. Seine Nur-Geschichtlichkeit und Diesseitigkeit aber auch für seine Entstehung vor 2000 Jahren anzunehmen, das gilt immer noch weithin als ein rationalistisch-dogmatisches (schlechtes) Vorurteil. Auf der Seite derjenigen, die darin nur bösen *Rationalismus* wittern, steht im Hintergrund das Schreckgespenst des *Relativismus*: Wo kommen wir hin, wenn auch unser christlicher Glaube »nur« geschichtlich ist? Nur ebenso geschichtlich, wie alle sonstigen Überzeugungen und Glaubensweisen in der Welt?

Nun kann die Geschichtlichkeit des christlichen Glaubens sinnvollerweise nicht *schlechthin* bestritten werden. Um aber auch das Mehr-als-»nur«-geschichtlich-Menschlich, also die *Über*legenheit des christlichen Glaubens darzutun, wird seit altersher gleichsam der Stier bei den Hörnern gepackt: Gerade wenn wir die Geschichtlichkeit und Geschichte des christlichen Glaubens ernst nehmen und sie mit den strengen Augen der historischen Forschung untersuchen, zeigt sich der Anfang – sprich: die Entstehung des »Osterglaubens der Apostel« – so, daß dort etwas mit im Spiel gewesen sein muß, das sowohl selbst etwas durchaus Geschichtliches war als auch *mehr* war, als sonst in der Geschichte anzutreffen ist. Deshalb ist der christliche Glaube von Anfang an und in seiner Entstehung sozusagen *noch* geschichtlicher als alles andere geschichtlich-menschliche Glauben. Das Mehr, die Überlegenheit des christlichen Glaubens soll demnach begründet sein in einem *ganz besonderen* geschichtlichen Ereignis, das zu seiner Entstehung führte; in einem *ganz besonderen* historischen objektiven Geschehen, ohne welches die Entstehung des »apostolischen Osterglaubens« gerade als geschichtliches, diesseitiges, menschliches Phänomen historisch unverständlich würde.

Ich sage der Kürze halber einfach »apostolischer« Osterglaube, obwohl »Apostel«/»apostolisch« ein späterer, nachösterlich-kirchlicher Begriff ist, eine Amtsbezeichnung. Mit *»apostolischer Osterglaube«*, der in aller Geschichtlichkeit und Historizität ein *ganz besonders begründeter* und *deshalb* »einzigartiger« Glaube gewesen sei, soll immerhin auch auf das kirchliche und kirchenpolitische Interesse hingewiesen werden, das hinter dieser Sicht steht: Christliches Glauben sei gerade wegen und in seiner Geschichtlichkeit *geschichtlich abhängig* von den *ganz besonderen apostolischen* Anfängen. Christliches Glauben sei nicht nur ein Glauben *wie* die Apostel und *mit* ihnen, sondern auch in gewissem Sinne ein Glauben *an* die Apostel. Denn das ihnen widerfahrene *ganz besondere* Ereignis, das *ihren* Osterglauben entstehen ließ, das aber von den Späteren, von uns also, nicht erlebt wird, gehörte ja zur Sache des christlichen Glaubens hinzu. Und so hätten sie bzw. ihre Nachfolger im Amt auch eine *ganz besondere* geschichtlich-historisch begründete Autorität. Sie seien gleichsam die Gründungsväter des christlichen Glaubens in der Geschichte: die eigens österlich autorisierten Führer der apostolischen Kirche.

Die prinzipielle Geschichtlichkeit des christlichen Glaubens wird also zugegeben. Doch innerhalb dieses Rahmens soll noch etwas ganz besonderes anzunehmen sein. Denn der Osterglaube der Apostel ist ja gerade seinem Inhalt nach etwas *ganz besonderes*: Gott hat *Jesus*, den Gekreuzigten, Gestorbenen auferweckt! Zu dieser Überzeugung, zu deren Inhalt ja selber Geschichtliches gehört, nämlich Jesus, der Gekreuzigte, der Gestorbene, hätten die Apostel aber gar nicht kommen können, wenn da nicht etwas besonderes, ein besonderes weiteres Ereignis gewesen wäre, das sie zu dieser

Überzeugung gebracht hätte. Die *Entstehung* ihres Osterglaubens nach dem für sie schockierenden Ende Jesu am Kreuz sei historisch-psychologisch, und das heißt eben: rein geschichtlich gesehen, ohne ein solches ihn entstehenlassendes ganz besonderes, aber doch geschichtliches, objektives Ereignis gar nicht verständlich zu machen.

2.1 Theorien zur Entstehung des Osterglaubens

2.1.1 Die Erscheinungstheorie

Seit altersher beruft man sich dafür auf die Schrift (besonders auf 1 Kor 15,3 ff.), in der davon die Rede ist, der Auferweckte habe sich den Aposteln und anderen *selbst* gezeigt, *er* sei ihnen lebendig erschienen. Jeder exegetisch etwas Gebildete weiß natürlich, daß nicht alle Erscheinungsgeschichten historisch gleichwertig sind. Er weiß auch, daß »die Schrift« bzw. ihre Schriften nicht dazu verfaßt wurden, um sozusagen ganz neutral-sachlich zu informieren, um späteren Historikern als Geschichtsquellen zu dienen. Aber Historisches enthält sie eben doch auch, wenngleich vieles nicht direkt berichtet wird, sondern nur aus dem erschlossen werden kann, was die Verfasser der Schriften in erster Linie sagen wollten. Was nun die Entstehung des Osterglaubens der Apostel betrifft, so sind für viele Exegeten gerade die historisch ältesten Zeugnisse eindeutig: Die Apostel selbst müssen überzeugt gewesen sein, daß sie den Auferweckten wirklich gesehen hatten, daß er sich ihnen lebend gezeigt hatte, daß er ihnen erschienen war. Gerade so und nur so werde die geschichtliche Entstehung (das Neue) und die Geschichtlichkeit des christlichen Glaubens verständlich: sozusagen in seiner *besonderen* Objektivität. Diese bestehe eben nicht darin, daß der Christ nur *irgendwie* an Gott, an ein Jenseits glaube, sondern darin, daß *Jesus*, dieser objektive, historische Jesus, der am Kreuz starb, *lebt.* Und so wie die Dinge damals lagen, könne nur er selbst, als lebendig sich Zeigender, die Apostel von dieser besonderen Tatsache überzeugt haben.

Nun weiß jeder exegetisch Gebildete heute auch, daß selbst die ältesten Erscheinungstexte nicht ganz eindeutig sind. Sie sagen zwar »Er erschien!« Aber *was* da näherhin geschah, *was* da eigentlich passierte, *wie* das geschah, ob es wirklich *etwas* zu sehen gab, das jeder normale Mensch gesehen hätte, das sagen sie nicht. Da ist ein Spielraum für weitere Interpretation: Was können, was müssen *wir* uns darunter vorstellen?

Es ist nun sehr interessant zu sehen, wie die Vertreter der »objektiven Erscheinungen« dieses Erschienensein sozusagen immer dünner, immer unsichtbarer und nur ungefähr werden lassen – um schließlich nur noch an einem *Daß* des Erschienenseins festzuhalten. An einem X, welches das U des geschichtlich angeblich unverständlich bleibenden Entstandenseins des Osterglaubens verständlich machen soll. In der älteren Literatur wurde die Erscheinungshypothese nämlich noch so vertreten, daß der Leser an ein durchaus leibhaftiges Zugegensein des Auferweckten denken mußte – so, wie es ja auch die jüngeren Erscheinungsgeschichten der Evangelien dem schlichten Leser nahelegen. Neueren und neuesten Publikationen zur Sache ist das offenbar zu massiv, zu leibhaftig, vielleicht sogar ein wenig zu unheimlich, zu gespenstisch geworden. Aber im Kern festhalten wollen sie an der objektiven Erscheinungstheorie doch. Und so schrumpft das Erscheinen des Erschienenen zu einem »Impuls« (J. Gnilka), ohne daß über das nähere Wie und Was dieses Daß eines Impulses noch etwas gesagt würde.

Die Erscheinungstheorie ist sozusagen die Gegentheorie zu allen anderen Theorien, die die Entstehung des Osterglaubens als ein *nur* subjektives, als ein nur bewußtseinsimmanentes Geschehen im Geiste der Apostel annehmen bzw. nur so erklären wollen. *Daß* es ein solcher Umschwung im Geiste der Apostel war, sei ja keine Frage. Die Frage bleibe aber, ob dieser Osterglaube der Apostel nicht doch auch aufgrund äußerer Anstöße entstand, die als solche der Historik prinzipiell greifbar sein müßten. Auch wenn es solche Anstöße oder Ursachen gab, lösten sie den Osterglauben der Apostel in seiner Subjektivität nicht auf. Wohl aber machten erst sie ihn verständlich, insofern er als ein Glaube auftrat, der eben nicht nur Produkt einer rein subjektiven Innerlichkeit frommer Visionäre gewesen sein könne; auch wenn diese Subjektivität, wie gesagt, sehr wohl mitspielt. Sie mag sogar das wichtigste und entscheidende Moment sein. (So auf jeden Fall theologisch-dogmatisch gesehen.) Aber das subjektive Glauben, das Glaubenwollen als solches ist nun einmal kein rein subjektives Glauben eines nur bei sich selbst seienden und um sich kreisenden Geistes; seiner bloßen *Selbst*erfahrung. Und erst recht sei es völlig unverständlich, wie es nach dem Zusammenbruch des Karfreitags zur Hochstimmung von Ostern kommen konnte, ohne daß da »etwas geschehen sei«, das nicht *nur* in der »Subjektivität« der Apostel stattfand. Ohne *wirklich äußeren* Anlaß oder Grund sei ein solcher Umschlag von »zu Tode betrübt« zu »himmelhoch jauchzend« undenkbar. Er könne nur von einem Sichgezeigthaben, von einem Erschienensein des Auferstandenen selbst verursacht worden sein: von der Erfahrung eines äußeren Impulses, eines echten »Widerfahrnisses« – wie es im Theologenjargon heißt.

2.1.2 Andere Theorien

Auf *bloße* Subjektivität reduzieren eben in den Augen der Vertreter der Erscheinungstheorie die anderen Theorien die Entstehung des Osterglaubens. Die durchaus historisch gemeinte Kritik der Vertreter der Erscheinungstheorie läuft darauf hinaus, daß jene Theorien einfach historisch unwahrscheinlich bleiben, daß sie den gewaltigen Umschwung im Geist der Apostel nicht wirklich erklären, nicht nachvollziehbar erscheinen lassen, sondern letzteres nur behaupten. Kurz, daß ihre angebliche Erklärung das Maß dessen, was als historisch-psychologisch wahrscheinlich, weil rein menschlich möglich, zu denken sei, überschreite. Diese Kritik scheint mir im übrigen durchaus berechtigt zu sein.

2.1.2.1 K. Berger

Ist es wirklich wahrscheinlich, daß die Apostel nach dem Kreuzestod Jesu sich nur wieder besonnen hätten auf ihren Glauben an Gott und sich erinnerten an all das, was sie in der Zeit des öffentlichen Wirkens Jesu erfahren hatten, und daß sie so zu der Überzeugung, zu dem Schluß kamen, Jesus könne nicht einfach tot sein, Gott habe ihn auferweckt?

Eine solche Erklärung der Entstehung des Osterglaubens erscheint doch wohl ziemlich akademisch, sie macht aus den Aposteln aus damaligem Fleisch und Blut nachdenkliche Teilnehmer an einem theologischen Hauptseminar zur Messianologie Israels. Ganz abgesehen davon, daß sie einfach als Osterglauben die Überzeugung »Gott hat Jesus auferweckt« hinsetzt, ohne darzulegen, wie der Osterglaube der Apostel denn damals von ihnen selbst verstanden wurde, *was sie* denn eigentlich glaubten.

2.1.2.2 E. Schillebeeckx

Ist es wirklich wahrscheinlich, die Apostel, die ihren Herrn und Meister bei seiner Verhaftung im Stich gelassen hatten, hätten dann irgendwann doch wieder das Bewußtsein gehabt, von ihrem Herrn wieder angenommen zu sein; das Bewußtsein, daß ihnen ihre Schuld vergeben sei von Gott. Es sei diese innere Vergebungs- und Bekehrungserfahrung gewesen, die sich dann zu der Überzeugung verdichtete, daß auch mit Jesus nicht alles aus sei.

Auch diese Theorie erscheint reichlich spekulativ und willkürlich. Sie will mit äußerlichen Dingen zur Erklärung des Osterglaubens nichts zu tun haben. Dafür verlegt sie alles in die Innerlichkeit der Apostel, aber in eine Innerlichkeit, die so historisch gar nicht mehr wirklich faßbar ist.

Selbstverständlich war die Entstehung des Osterglaubens auch ein innerer Vorgang im Geist der Apostel. Aber wie dieser Vorgang als ganzer damals wirklich aussah und zustandekam, das ist, wenn historisch, dann zunächst einmal anhand dessen zu bestimmen, was die Quellen hergeben. Wo aber ist dort von einem schlechten Gewissen der Apostel und einer späteren Erfahrung, ihre Schuld sei ihnen vergeben, die Rede?

In dieser Theorie wird die komplexe damalige Wirklichkeit souverän übergangen, auf ein einfaches Schema, erst Schuldbewußtsein und dann Vergebungsbewußtsein, reduziert. Das Faktum des Umschwunges wird damit aber gar nicht erklärt, es bleibt einfach als Faktum stehen, ist lediglich ins Innere der Apostel verlegt und wird nur mit anderen Worten beschrieben. Im Grunde wiederholt Schillebeeckx nur die Position R. Bultmanns, für den der Osterglaube eben ein »Wunder« war und ist, das sich der historischen Erklärung verweigere.

Erst recht handelt es sich nicht um eine historische Erklärung, wenn dieser innerliche Wandlungsprozeß (nun theologisch) als Gnadenerfahrung oder als Offenbarungserfahrung erklärt/deklariert wird. Daß Auferweckung und Osterglaube mit Gott zu tun haben und somit Gnade und Offenbarung sind, ist reichlich trivial. Doch macht das die *historische* Frage nach der *Entstehung* des Osterglaubens *im einzelnen* nicht gegenstandslos, geschweige denn, daß es diese Frage beantwortet. Oder sollte damit solches Fragen doch als illegitim und aussichtslos hingestellt werden?

Im übrigen ist mit »Gnade« und »Offenbarung«, die der Osterglaube der Apostel war, sogar dies gesagt, daß *Gottes gnädiges Sichoffenbaren* sich genau *durch* dieses und *als* dieses menschliche, historische *Glauben der Apostel* vollzieht, also auf ganz menschliche Weise. Und als *menschlicher* Prozeß müßte er auch menschlich-psychologisch-historisch verständlich zu machen sein. So daß letztendlich die historisch-menschlich-psychologische Erklärung der Entstehung des Osterglaubens sowohl Historik als auch schon Theologie wäre, obwohl sie gar nicht von Gott selbst und von dem wirklich Auferweckten spricht, sondern allein die Entstehung des Oster*glaubens* der Apostel verständlich macht.

2.1.2.3 W. Marxsen

Die Entstehung des Osterglaubens ist auch damit nicht erklärt, daß gesagt wird, Jesu Jünger seien eben überzeugt gewesen – und sie seien irgendwann und irgendwo und irgendwie zu dieser Überzeugung gelangt –, die *Sache* Jesu gehe weiter. Der Osterglaube selbst sei nur ein Interpretament für diese Überzeugung gewesen, daß die »Sache Jesu«, nämlich die Überzeugung des vorösterlichen Jesus von Nazareth von der Herrschaft Gottes, weiter gültig sei und weiter zu verkünden sei.

Auch diese Theorie geht am historischen Problem des Osterglaubens souverän vorüber. Sie meint wohl auch, daß dergleichen Fragen angesichts der Quellenlage gar nicht beantwortbar seien. Und den damaligen Glauben der Apostel interpretiert sie so, wie nach Marxsen *heutiges* christliches Glauben aussehen könnte und müßte. »Jesu Auferweckung« also nur eine zusätzliche Vorstellung dafür, daß *seine Sache* – d. h. die Sache, um die es dem vorösterlichen, historischen Jesus gegangen war – trotz seines Endes *weiter*geht? Wir werden sehen, daß jedenfalls die damaligen Apostel keineswegs so »sachlich« dachten.

2.1.2.4 Visions-Hypothese; G. Lüdemann

All diese Theorien sehen, grob gesagt, die Entstehung des Osterglaubens als ein Phänomen der Innerlichkeit. Natürlich nicht einer reinen, abstrakten, gegenstandslosen Innerlichkeit; die Apostel erinnerten sich ja an bestimmte Dinge, an Jesus, an seine »Sache«, daran, daß sie ihn im Stich gelassen hatten. Aber sozusagen *ganz* äußerliche, *ganz* objektive Sachverhalte spielten nicht mit. Die Entstehung des Osterglaubens also ein »psychologisches« Phänomen – oder Problem? Das ist es selbstverständlich auch, aber – und darauf bestehen die Vertreter der Erscheinungs- oder Impulstheorie – doch nicht nur. Das ist nach ihnen zu einfach, zu monokausal. Ganz unverblümt monokausal wird die nur auf das »Psychologisch-Seelische« abstellende Erklärung der Entstehung des Osterglaubens, wenn schließlich von Visionen der Apostel die Rede ist und wenn zu guter Letzt auch noch die Tiefenpsychologie zu Hilfe gerufen wird.

G. Lüdemann geht dazu sogar von Paulus aus. Paulus war ein »Visionär«, dessen persönliche, unbewußte seelisch-religiöse Problematik sich in der Überzeugung, eben der »Vision« vom auferweckten Jesus aufgelöst hätte. Das liest Lüdemann wenigstens aus bestimmten Stellen der Paulusbriefe heraus. Mag daran auch etwas Wahres sein, so ist doch der weitere Schluß mehr als spekulativ kühn: So könnte, ja, dürfte es auch bei den anderen Aposteln gewesen sein. Auch ihr Osterglaube also ein Produkt ihres unerlösten, sich erst durch ihn klärenden und entspannenden Unbewußten?

Man fragt sich nur, woher Lüdemann die Apostel so genau kennt. Bevor man ins Innere oder gar Unbewußte hinabsteigt, wäre, gut historisch, zunächst das Äußere wahrzunehmen und zu sehen, ob nicht hier schon des Rätsels Lösung liegt, wenn man nur genau zusicht.

2.1.2.5 Nochmals zur Erscheinungstheorie

Nicht ohne Recht kritisieren daher die eher konservativen Vertreter der Erscheinungstheorie all jene anderen Theorien: Sie seien entweder keine wirklichen Erklärungen der *Entstehung* des Osterglaubens, oder sie seien gerade geschichtlich-psychologisch gesehen nicht wirklich überzeugend und eher unwahrscheinlich. Da müsse noch mehr gewesen sein, eben ein »Impuls«, der nicht auf pure Subjektivität reduziert werden könne. Nur so lasse sich der faktische Umschwung von Karfreitag zum Osterglauben wirklich erklären.

Faßt man aber nun die Erscheinungstheorie selbst nochmals genauer ins Auge – zumal in ihrer vorsichtigen Formulierung, es habe da so etwas wie einen eigenen Impuls gegeben –, so zeigt sich, daß sie erstens weder Fisch noch Fleisch ist; daß sie zweitens so etwas wie ein Hase-Igel-Spiel betreibt; und daß sie drittens doch genau neben den von ihr als zu subjektivistisch kritisierten Visionärs- und Vergebungshypothesen usw. steht.

Erstens: Nicht Fisch noch Fleisch! Von »Erscheinung« in dem Sinne, daß da einer erschien, sich in der Welt sichtbar machte, so daß er prinzipiell von jedem zu sehen gewesen wäre, möchte man nicht mehr so gerne sprechen. Das ist zu massiv, das entspräche nicht dem, daß es sich um den Auferstandenen handelte, der ja nicht mehr in rein empirischer Sinnlichkeit existiere. Dennoch soll er der »Impulsgeber« gewesen sein. Aber die Rede ist nur von einem »Impuls«! Ein »Impuls selbst« ist aber schon eine Abstraktion! Real wären ein Impulsgeber und ein Impulsempfänger, das heißt: der auferstandene Jesus und die Apostel. Und da die Apostel historisch sind, könnte ein ihr historisches Sein beeinflussender Impulsgeber nur ein selbst historischer sein. Aber so massiv-historisch soll der Auferstandene, wie gesagt, auch wieder nicht erschienen sein. Also spricht man kryptisch von »dem Impuls«. Gretchen würde sagen: »So ähnlich sagt's der Herr Pfarrer auch, nur mit ein bißchen anderen Worten.«

Zweitens: Ein Hase-Igel-Spiel! Das entspricht im übrigen nur dem »weder Fisch noch Fleisch«. Hinter der Auskunft »ein äußerer Impuls« versteckt sich die Unsauberkeit der Methode. Es wird verunklärt, ob man theologisch-dogmatisch oder historisch spricht. Die Impuls-Hypothese wiederholt nur mit abstrakteren Worten die Überzeugung der bereits glaubenden (!) Apostel. Nur sagt sie nicht, *er* sei erschienen, *er* habe *sich* wirklich gezeigt, sondern nur noch: Da war doch noch etwas. Das mag ja zutreffen. Nur hat sie damit ihren ersten angeblichen Anspruch aufgegeben, die *historische Entstehung* dieses Glaubens verständlich zu machen! Sie wiederholt nur das fertige Ergebnis und versichert: Da muß etwas gewesen sein, ohne aber nun klar (!) zu sagen, was das Etwas gewesen sein soll: War der Impulsgeber etwas Historisch-Empirisches, *äußerlich Sichtbares*? War er etwas Überhistorisches? War er etwas *nur* für die Apostel Wirkliches? Und für sie wiederum: War er für sie, in ihnen, etwas, das sie selbst hervorbrachten; oder etwas, das in ihrem Inneren von diesem »Etwas« hervorgebracht wurde? »Impuls« ist eine Formulierung, die beliebig gebraucht werden kann, wie es gerade notwendig erscheint: Die alte Vorstellung eines massiven Erscheinens und leibhaftigen Sichzeigens des Auferstandenen kann so reduziert, abgeschwächt werden: »Nein, der Glaube der Apostel ist nicht nur aus ihrem Inneren entstanden; rein subjektiv. Er entstand aufgrund eines *wirklichen* Impulses!« Aber die Frage, die sich sogleich stellt, bleibt: Kam der Impuls von einem »Gegenstand«, der selbst *in* der Geschichte war? Oder kam er aus dem übergeschichtlichen Jenseits? Von Gott? Haben wir es mit Geschichte, Historik zu tun? Oder mit Theologie? Mit »Impuls« will man sich aus der Klemme ziehen, herauswinden. Auf beide Fragen eine Antwort haben. Aber sie ist eben weder Fisch noch Fleisch.

Drittens: Fragt man also penetrant nach und sieht man, wie die Vertreter der »Impuls-Hypothese« mit dem Verbleiben beim nur Empirisch-Historischen nichts zu tun haben wollen, dann liegt auf der Hand, daß ihre Hypothese der von ihnen als subjektivistisch inkriminierten »Visionärs-Hypothese« gar nicht gegenübersteht, sondern sich trotz anderer Worte mit ihr deckt: Von einem Impulsgeber, der selbst ein historisch-empirisches Phänomen gewesen wäre, wollen sie nichts wissen. (Selbst wenn man einen solchen annähme, änderte sich übrigens am folgenden nichts!) Also kann es auf der Ebene des Historischen allein um die Impuls*empfänger* gehen. Daß sie solche waren, gilt ja als sicher, denn als solche hätten sie sich ja selbst verstanden: Nach den historisch ausgewerteten Quellen hätten sie ja nicht gesagt: *Wir* haben uns vorgestellt, den Auferstandenen zu sehen, sondern: *Er* hat sich uns gezeigt. Nicht: *Wir* haben Visionen gehabt, sondern: *Er* gab sich uns zu sehen; und so sind wir überzeugt, glauben wir, ja, wissen wir: »Gott hat Jesus auferweckt.« Dies mit abstrakteren Worten ausgedrückt, hieße dann: Wir sind davon überzeugt, und zwar wegen jenes Impulses des Auferweckten. Mit dieser Formulierung wird aber nur schamhafter – eben abstrakter – dasselbe wiedergegeben, was die Visionärs-Hypothese unverblümter so sagt (indem sie das »ophte« ganz wörtlich nimmt): Die Apostel hatten Visionen, in ihrem Inneren mit den Augen ihres Geistes (wo auch sonst?) sahen sie die Erscheinung des Auferstandenen. Dabei sagt der Vertreter der Visionärs-Hypothese ja gar nicht, *für die Apostel selbst* seien diese Visionen nur Einbildungen gewesen! Auch nach ihm waren die Apostel von der Objektivität ihres inneren Sehens überzeugt. *Jeder Visionär* ist von der Objektivität seines Sehens und des von ihm Gesehenen überzeugt! *Jeder Visionär* sagt: Das habe ich mir nicht selbst eingebildet, sondern was ich gesehen habe, das kam von einem anderen, eben dem »Impuls«, dem »Impulsgeber«; ich gebe es nur wieder und weiter.

Der Unterschied zwischen der Visionärs- und der Impuls-Hypothese liegt also allein in der Wortwahl: Die Vertreter der Impuls-Hypothese, die, statt von Erscheinungen zu sprechen, das scheinbar unverfänglichere, objektiver klingende »Impuls« vorziehen, schämen sich des Ausdrucks »Visionen«, weil das gleich nach Einbildung und Halluzinationen klingt, nach subjektiver Überspanntheit. Die Visionärs-Theoretiker reden da unverblümter, ja, eigentlich müßte man sagen: ehrlicher.

Die Annahme von Visionen indes ist lediglich eine (massivere) Spielart all der anderen subjektivistisch-existentialistischen »Erklärungen« zur Entstehung des Osterglaubens, die hier etwas dem historischen Zugriff entzogen Bleibendes, radikal Neues und somit gerade nicht Erklärbares sehen wollen – wenn anders der christliche Glaube (so das letztlich leitende, systematisch-dogmatische Vorurteil) etwas Singuläres in der Geschichte sein müsse und nicht auf »Allgemeines« zu reduzieren sei. (Die Angst vor einem nur »Allgemeinen« sitzt der Theologie, und vermutlich jeder religiösen Institution, seit der Aufklärung tief in den Knochen.)

2.1.3 Ein Scheinproblem?

Beide Hypothesen wollen also von den historischen Aposteln sprechen. Beide haben vor Augen: die Apostel in der Situation von »Ostern«. Die eine sagt (vielleicht mit kritischem Unterton): Die Apostel *sahen* den Auferstandenen leibhaftig vor sich. Die andere sagt: Die Apostel *waren überzeugt*, glaubten fest (aufgrund irgendeines »Impulses«): Gott hat Jesus auferweckt. Klingt da die zweite Aussage nicht schon etwas arg akademisch-zurückhaltend, nüchtern? Ist das nicht schon arg theologisch-formelhaft formuliert? Denken wir auch wieder einmal zurück an das eigentliche Ausgangsproblem: Schock und Tief von Karfreitag – Hoch von Ostern. *Das* sollte ja erklärt und verständlich gemacht werden! Da sagt die Impuls-Hypothese: Nur subjektive, innere Visionen, das reicht zur Erklärung nicht aus.

Aber ein »Impuls« – der um anzukommen und wirken zu können, ja auch »im Innern« der Apostel wirken muß! –, das klingt ja nach noch viel weniger, das ist ja noch dünner! Noch innerlicher! Damit ist, so scheint es, der gewaltige Umschwung vom Karfreitagstief zum Osterhoch noch weniger wirklich verständlich! Wohlgemerkt: historisch verständlich!

Wer hier sagt, das sei eben die Macht der Gnade Gottes, der argumentiert schon wieder nicht historisch, sondern theologisch-dogmatisch. Er springt aus der Ebene des Historischen heraus und argumentiert mit dem theologischen Ergebnis: Gott hat Jesus auferweckt, also kann er auch die Apostel durch irgendeinen »Impuls« davon überzeugt sein machen. Das ist ja durchaus möglich. Aber das ist eben kein *historisches Erklären* des Zustandekommens dieses historischen Umschwunges von Tief zu Hoch. Als historischer Umschwung bleibt er gerade unerklärt und unbegründet – und dies, obwohl ein historisches Phänomen als solches eigentlich historisch begründet sein müßte. Da ist die Visionärs-Hypothese methodisch viel korrekter! Sie bleibt geradezu lebensnäher!

Andererseits bleibt nun doch ein gewisses Unbehagen angesichts der Visionärs-Hypothese, auch wenn die Impuls-Hypothese selbst erst recht ungenügend bleibt für ein *historisches* Erklären- und Verstehenwollen. Wenn aber zwei Hypothesen, einschließlich ihrer Varianten, das von ihnen angenommene und angeblich gelöste Problem nicht plausibel lösen, dann ist die Frage, ob das »Problem« so überhaupt existiert, ob es überhaupt richtig gesehen ist! Ob das angebliche Problem, Tief-Hoch-Umschwung, das beide Hypothesen vor Augen haben, nicht schon ein verzerrt vor-gestelltes Problem ist! Ein künstliches, abstraktes, ein Scheinproblem, auf welches konzentriert starrend beide Parteien vor lauter Wald die Bäume nicht mehr sehen!

Vor lauter Wald die Bäume nicht mehr sehen, das verlangt, daß man gleichsam in den Wald hineingeht und so nun nicht mehr vor »*einem* Wald« steht, sondern mehrere Bäume sieht, die selbst »den Zusammenhang des Waldes« bilden. Mit anderen Worten: Indem wir *in* den Wald eintreten, sehen wir, wie da mehrere einzelne Bäume miteinander stehen und aufeinander einwirken – und wie das Entstehen eines besonders auffälligen Baumes, des Osterglaubens der Apostel, keineswegs ein völlig unverständliches, *nur* von ihm selbst kommendes Rätsel bleibt. Um weiter im Bild zu bleiben: War es wirklich so, daß da plötzlich, an einer Stelle im Wald, wo vorher nur ein Abgrund war (»Karfreitagstief«), der Baum des Osterhochs stand? Das ist doch sehr unwahrscheinlich.

Es wäre, historisch gesehen, ein absolutes »Wunder«. Nun kann der Historiker natürlich nicht beweisen, daß es keine Wunder geben könne. Nur wird er methodisch korrekterweise sagen: Als Historiker kann und darf ich *erst dann* von einem Wunder sprechen, wenn ich gewissenhaft *alle* historisch zugänglichen Erklärungsfaktoren vor mir habe und *dann* das zu erklärende Phänomen immer noch als etwas Einmaliges erscheint, das außerhalb der Reihe des normalerweise historisch Möglichen steht. Das zu erklärende Phänomen ist das Glauben der Apostel! Nicht das Auferwecktsein Jesu! Die Auferstehung bzw. das Auferwecktwordensein Jesu ist selbstverständlich *selbst* kein empirisches, historisch zu erklärendes Phänomen. Historisches Phänomen – und so möglichst historisch zu erklären – ist allein die apostolische *Überzeugung-von*, der Glaube-an Jesu Auferwecktwordensein durch Gott. Ich behaupte nun: Wenn wir alle historisch greifbaren Faktoren und Umstände zusammensehen, erscheint die Entstehung dieser Überzeugung, dieses Glaubens der Apostel keineswegs als ein sozusagen unerklärliches, das Normale und Menschenmögliche schlechthin übersteigendes Wunder. *So* wunderbar war der Glaube der Apostel, war sein Entstehen gar nicht. Wir müssen nur genau zusehen! Dann brauchen wir zur Erklärung seines Entstehens weder die Zuflucht zu einem *außergewöhnlichen*

»*Impuls*« (sei dieser nun geschichtlich oder übergeschichtlich-göttlich oder beides). Noch müssen wir in die dunklen Tiefen der Seelen der Apostel hinabsteigen, um dort, in ihrem Unbewußten und Unterbewußtsein den wahren Grund der Entstehung ihres Osterglaubens zu entdecken.

Selbstverständlich haben wir es auch mit der Psyche der Apostel zu tun. Es geht ja um sie, um *ihren* Osterglauben. Aber um dessen Entstehen verständlich zu machen, müssen wir keine *Tiefen*psychologie betreiben. Statt in die Tiefe des Unbewußten oder Unterbewußten hinabzusteigen, bleiben wir an der Oberfläche ihres Bewußtseins, also ihres Wissens, ihres Verhaltens. Nur da bewegen wir uns auf einigermaßen zuverlässigem, historisch erkennbaren Boden. Wenn wir *alle* Dinge zusammensehen, die hier im Spiel waren, *alle* Einzelheiten, dann erscheint die Entstehung des Osterglaubens der Apostel durchaus als verständlich, ja, gleichsam als das logische Ergebnis all dieser Faktoren.

2.2 Die Entstehung des apostolischen Osterglaubens

Die hier vorgetragene Erklärung der Entstehung des Osterglaubens kann selbstverständlich nur das Ergebnis vorlegen. Es in allen Einzelheiten anhand der Quellen bzw. ihrer wissenschaftlichen Analyse zu begründen, das würde den Rahmen dieses Kapitels bei weitem sprengen. Ich verweise dazu auf die entsprechenden Ausführungen in meinem Buch »Jesus von Nazareth. Seine Botschaft vom Reiche Gottes und der Glaube der Urgemeinde« (Düsseldorf 1985). Auch die dort im 3. Kapitel vorgelegte Rekonstruktion der Ereignisse der letzten Tage und des Endes Jesu sowie des ersten Jahres der Geschichte der Jerusalemer Urgemeinde halte ich im wesentlichen noch immer für richtig, und es ist mir noch kein argumentativer Nachweis dafür begegnet, daß sie falsch sei, geschweige denn, daß jemand eine plausiblere *historische* Interpretation *aller* einschlägigen Texte vorgelegt hätte.

In »Jesus von Nazareth« wurde gezeigt, welches der *Inhalt*

des Osterglaubens der Apostel zu der Zeit war, als sie sich »nach Ostern« wieder in Jerusalem befanden: Sie erwarteten das Erscheinen des von den Römern gekreuzigten, von Gott aber auferweckten Jesus, der nun die endgültige Herrschaft Gottes als Messias Israels herbeiführen würde. So sah ihr erster Osterglaube aus. Hier geht es nun um die Frage: Wie, warum kamen die Apostel zu diesem Osterglauben? Zu ihrer Beantwortung brauchen wir nur noch einmal zurückzublikken auf die folgenden vorausgegangenen Ereignisse: Flucht der Apostel aus Jerusalem bei der Verhaftung Jesu, Meldung der Frauen, sie hätten das Grab des von den Römern Gekreuzigten leer vorgefunden. Entscheidend ist aber, daß wir uns dabei ebenso das jeweilige Was, Wann und Wo dieser Einzelfakten wie dann das Wann und Wo ihres »Zusammenkommens« vor Augen halten; daß wir, bildlich gesprochen, nicht alles einfach in einen Topf werfen – und so nur noch einen Wald, nicht aber einzelne Bäume sehen.

2.2.1 Die »vorösterlichen« Einzelfakten

1) Jesus wurde von einem Kommando der jüdischen (!) Obrigkeit verhaftet. Seine Jünger, nämlich (abgesehen von dem Jüngling von Mk 14,51 f.) Simon und die Zebedäiden (s. Mk 14,33), ergriffen die Flucht. Sie flohen zurück nach Galiläa, von wo sie mit Jesus nach Jerusalem gekommen waren. Zwar folgte Simon dem Verhaftungskommando noch bis in den Vorhof des Hauses des Hohenpriesters und floh erst nach der Verleugnung endgültig (Mk 14,66 ff.). Beim Pilatusprozeß und dem Ende Jesu war er jedenfalls nicht zugegen.

2) Auf Betreiben der jüdischen Obrigkeit wurde Jesus dann aber von den Römern (!) gekreuzigt.

Die Apostel waren also weder bei seinem Tod am Kreuz noch bei einem Begräbnis des Leichnams des Gekreuzigten anwesend! Daß Jesus von den *Römern* (!) gekreuzigt worden war und am Kreuz gestorben war, erfuhren die Apostel erst später, in Galiläa. In Jerusalem waren sie zwar bei der *Verhaftung* Jesu durch die *jüdische* Obrigkeit zugegen gewesen –

und geflohen. Wie diese Sache mit Jesus ausgehen würde, konnten sie aber nicht wissen. Ebensowenig, daß dann mit der Überlieferung Jesu an Pilatus die Angelegenheit zu einem Politikum mit dem bekannten schlimmen Ende (Kreuzigung als politische Sanktion) für Jesus werden würde.

In der bisherigen Forschung wird dieser Sachverhalt einfach übersehen. Wie selbstverständlich wird davon ausgegangen, die Apostel seien *angesichts des Endes Jesu am Kreuz* selbst restlos »am Ende« gewesen (»Karfreitagstief«). Aus *diesem* Tief heraus sei es dann doch zum »Hoch« des Osterglaubens gekommen. Und dazu wird nun diskutiert, welche subjektiven oder objektiven Faktoren dies bewirkt haben oder dabei eine Rolle mitgespielt haben könnten: Visionen? Erinnerung an Früheres? Leeres Grab? Erscheinung des Auferweckten selbst? – In Wirklichkeit war es wohl so, daß die nach Galiläa Geflohenen *erst* durch die Frauen zwei Dinge *zugleich* (!) erfuhren, nämlich Jesu Gekreuzigtwordensein durch die *Römer* und die Tatsache, daß sein *Grab leer* sei.

3) Anwesend bei Jesu Tod am Kreuz waren hingegen die Frauen. Sie sahen auch, daß der Leichnam Jesu vom Kreuz abgenommen wurde, um in ein Grab gebracht zu werden. Als sie am Tage nach dem Sabbat das Grab Jesu aufsuchten (um den Leichnam Jesu rituell zu versorgen [?]), kamen sie zu einem leeren Grab, das sie für das Grab Jesu hielten.

Historisch ist natürlich nicht mehr entscheidbar: War das *Grab Jesu* leer, oder haben die Frauen irrtümlicherweise ein *anderes leeres Grab* für das Grab Jesu gehalten? Das ist für die jetzige Frage nach der Entstehung des Osterglaubens *der Apostel* auch nicht entscheidend. Entscheidend ist nur: *Für die Frauen* war Jesu Grab leer, war der Leichnam Jesu nicht mehr da. Nur deshalb gab es für sie ja einen Grund, den nach Galiläa Geflohenen nachzueilen und ihnen dies mitzuteilen! (Ob das leere Grab *für sie* sogleich bedeutete, daß Jesus lebe, daß er auferweckt sei, kann offen bleiben; uns geht es um den Osterglauben *der Apostel* und *seine* Entstehung.)

Daß die Frauen nach *Galiläa* eilten und somit *dort* der

47

Osterglaube der Apostel entstand, das lassen auch noch die biblischen Erscheinungsgeschichten erkennen: Sie sind in Galiläa angesiedelt oder verweisen dorthin. (Nur Lukas verlegt sie nach Jerusalem; dies aber aus auch sonst erkennbarer systematisch-dogmatischer Absicht: Nach ihm soll alles Kirchliche seinen Anfang in Jerusalem genommen haben.)

Zur Annahme, die ganzen Frauen-Grabgeschichten seien *nur* unhistorische Legenden, wäre zu sagen: Legenden entstehen nicht ohne jeden Grund und Anhalt in der Geschichte, sozusagen im luftleeren Raum nur um ihrer selbst willen. Die Frauen-Grabgeschichten enthalten gewiß auch legendarische Elemente. Das Eigenartige ist aber ihre innere Kompliziertheit und Nichteindeutigkeit, ihr, wie man sagen könnte, Ja-Aber: So befiehlt der Grabesengel einerseits den Frauen, die Jünger und Petrus in Galiläa zu informieren (Mk 16,7). Dabei werden ganz bestimmte Frauen genannt: Maria von Magdala, Salome, die Zebedäidenmutter (!) und eine weitere Apostelmutter! (S. Mk 16,1; 15,40.47; Mt 27,56; 20,20; Mk 3,17; 10,35; Gal 2,6.9.). Anderseits ist die Tendenz deutlich, die Entstehung und die Wahrheit des Osterglaubens selbst gerade nicht auf sie und das von ihnen leer gefundene Grab zu reduzieren. Die Tendenz also, sowohl die Bedeutung der Frauen als auch die Bedeutung des leeren Grabes bzw. seiner Entdeckung wieder herunterzuspielen. Wer *bloße* Legendenbildung behauptet, also den »österlich«-historischen Kern bestreitet, der müßte somit plausibel erklären, wieso, warum und wozu und wer eine solch komplizierte, sozusagen, nicht stromlinienförmige Legende eigentlich erfunden haben sollte.

Der Annahme, es handle sich nur um so etwas wie eine Kultlegende, die sich um die Verehrung eines Grabes in Jerusalem gerankt habe, steht erstens entgegen, daß es für einen solchen Grabkult (zumal eines *leeren* Grabes!) keine sonstigen Indizien gibt. Zweitens, daß die Frauen-Grabgeschichten dafür eben zu kompliziert, zu uneindeutig, zu schwankend sind mit ihrem Ja-Aber.

Tradiertes Wissen um Jesu *Begraben*wordensein spricht wohl auch aus dem kurzen »und daß er begraben wurde« von 1 Kor 15,4.

4) Die Frauen eilten den nach Galiläa geflohenen Aposteln nach und berichteten ihnen, (a) daß Jesus *von den Römern* (!) gekreuzigt worden sei; und (b) daß sie den Leichnam des Gekreuzigten nicht mehr vorgefunden hätten, daß sein Grab leer gewesen sei.

5) Wer waren die Apostel, denen die Frauen berichteten? Nicht schon »die Zwölf«. Wohl aber dürften es zunächst die in Kapharnaum ansässigen drei gewesen sein, nämlich Simon und die beiden Söhne der Salome, die Zebedäiden Johannes und Jakobus. Die drei also, die nach den Evangelien als einzige vom Herrn Beinamen erhalten (Mk 3,16f), die die »Verklärung Jesu« erleben (Mk 9,2), die am Ölberg erst schlafen und dann fliehen (Mk 14,33) und die doch in der Urgemeinde als »Säulen« (Gal 2,9) gelten.

6) In Kapharnaum/Galiläa entstand also der erste Osterglaube! Und zwar nicht »nur einfach so«. Auch nicht, weil sich der Auferweckte dort gezeigt hätte, sondern sozusagen als geistiges Resultat *mehrerer Faktoren*, die in den Köpfen der Apostel zusammenkamen und sich zu ihrer Überzeugung verdichteten, daß Jesus lebe. Da war *erstens* die Nachricht der Frauen von dem nicht mehr auffindbaren Leichnam des Gekreuzigten, obwohl sie doch gesehen hatten, daß er in ein Grab gelegt worden war. *Zweitens* ihr Bericht, daß Jesus *von den Römern* gekreuzigt worden war, also von den *politischen Unterdrückern* Israels! *Drittens* kam damit sogleich die Erinnerung an ein zentrales Stichwort aus der Verkündigung Jesu hoch: Herrschaft Gottes. Für Jesus hatte »Gottesherrschaft« zwar keine politische Bedeutung im engeren Sinne des Wortes gehabt. Doch legte sich das für jene Apostel, die nun vom *Kreuzestod Jesu durch die Römer* und dem *leeren Grab* hörten, durchaus nahe. *Viertens* wird man annehmen dürfen, daß den Aposteln die in Israel verbreitete Glaubensvorstellung nicht fremd war, Gott werde sein Volk von aller Fremdherrschaft befreien und das *Reich Israel* wiederherstellen.

All diese verschiedenen Momente fügten sich in den Köpfen der Apostel zusammen und verdichteten sich zu der Vorstellung und Überzeugung: Der von den Römern Gekreuzigte ist nicht tot, er lebt! Aber nicht irgendwie im Jenseits, im Himmel, bei Gott! Gott hat ihn vielmehr *dazu auferweckt, daß er nun Israel wiederherstelle und von der Herrschaft seiner Feinde, der Römer, befreie! Daß er also als Messias das Reich Gottes auf Erden, das endgültige Reich Israel (Apg 1,6) herbeiführe.* Dazu hat Gott den von den Römern, den Unterdrückern Israels Gekreuzigten und am Kreuz Gestorbenen wieder lebendig gemacht. Und diese umwälzende Neugestaltung steht unmittelbar bevor. Dies war der erste Osterglaube, die Überzeugung der Apostel.

Ob diese Überzeugung sich sofort, gleichsam blitzartig beim ersten Hören der Nachricht der Frauen einstellte oder ob sie sich erst allmählich (doch was heißt das schon?) bildete; ob sie die Überzeugung erst eines Einzigen war (und dann: wessen?) oder ob sie sich im Gespräch miteinander über diese Dinge ergab, das bleibt unklar, ist auch nicht so wichtig. *Daß* aber *dies* in der Tat der erste Osterglaube war, zeigt sich nun *am weiteren Verhalten* der Apostel, das wir mit noch größerer historischer Sicherheit als das Bisherige aus bestimmten Stücken der Evangelien und der Apostelgeschichte erkennen können: Die Apostel bleiben nicht in Galiläa. Sie, und auch die Frauen, kehren, nun als Zwölferkreis, nach Jerusalem zurück, um dann hier den Messias zu begrüßen, der für sie gleichsam schon vor der Tür steht.

Schon aus der unstrittigen Tatsache *der Rückkehr* nach Jerusalem und aus ihrem *dortigen Verhalten* läßt sich ja erkennen, wie ihr erster Osterglaube inhaltlich aussah. Diese »Vision« der unmittelbar bevorstehenden Zukunft kann keine andere gewesen sein, als die, die sich ihnen in Galiläa ergeben hatte; die ihnen, wenn man so will, dort »offenbar« geworden war. – Andersherum gesagt: Für ein *bloßes* »Jesus lebt« brauchten sie nicht nach Jerusalem zurückzukehren. Auch nicht für ein »*Irgendwann* wird er wiederkommen«.

2.2.2 Das »nachösterliche« Verhalten der Apostel in Jerusalem

Wir finden die Apostel nämlich nun tatsächlich in Jerusalem. Und zwar nicht als einzelne, sondern als »die Zwölf«.

Die spätere Tradition hat aus der *Selbst*konstitution des *Zwölfer*kollegiums, die nur als »österliche« für die Apostel selbst konkreten Sinn macht, eine (nur irgendwie symbolisch gemeinte) Berufung der Zwölf durch den vorösterlichen Jesus gemacht; sie also, wie so vieles andere, in die Vita Jesu zurückverlegt – in der aber die Zwölf als solche funktionslos bleiben. Daß die Konstituierung des Zwölfergremiums in die Zeit des vorösterlichen Auftretens und Wirkens Jesu gehöre, das ist zwar sententia communis der Exegeten. So angesetzt bleibt sie aber ein Ereignis, das ohne jeden Sinnzusammenhang mit all dem steht, was mit historischer Sicherheit als authentisch jesuanisches Handeln und Verkünden erkennbar ist. Nicht einmal die Evangelisten geben ihm eine besondere Bedeutung: Die Zwölf bleiben, was sie vorher waren, Begleiter, Anhänger, Jünger Jesu. Von einer besonderen Bedeutung, »Zeichen« des ganzen Israels zu sein, es zu repräsentieren, verlautet nichts. Obwohl doch eine solche Tat Jesu mit großer Wahrscheinlichkeit zu Fragen bzw. Erklärungen seitens Jesu hätte führen müssen. Zumal die Zwölf und Jesus immerhin dreizehn gewesen wären.

Daß der Zwölferkreis in der ersichtlichen (!) Vita Jesu funktionslos bleibt, heißt nicht, es hätte ihn nicht gegeben. Seine Existenz nach Ostern in Jerusalem ist unstrittig. Von *diesem historischen* Faktum hat Historik also auszugehen; und zwar auch bei der Beantwortung der Frage nach der Genesis dieses Faktums. Das Faktum selbst – d. h. die Zwölf in Jerusalem – versteht aber seine eigene Funktion und seine eigene Genesis eindeutig nur von »Ostern« her und auf die nähere Zukunft hin. Von einem Rekurs auf eine vorösterliche jesuanische Berufung und Konstituierung als Zwölferkreis verlautet nichts. (So auch Paulus, der sich und noch andere neben die Zwölf stellt, weil auch ihm der *Auferweckte* erschienen sei.) »Ostern« ist sozusagen der »Sitz im Leben« des Zwölferkreises.

Eine Konstituierung des Zwölferkreises durch den historischen vorösterlichen Jesus nicht wie gewohnt einfach vorauszusetzen – wobei man sich aber auch keine ernsthaften Gedanken über das *konkrete* Wie, Wann, Wo und Wozu eines solchen Vorganges machen darf –, das verlangt der Befund des Quellenmaterials. Dies als Hyperkritik zu denunzieren, ist schlichtweg unfair.

Diese »Zwölf« verstanden sich als die Repräsentanten der Zwölf Stämme Israels: Sie würden den Auferweckten empfangen, wenn er, wie für sie feststand, hier in Jerusalem erscheinen würde, um als Messias das endgültige Reich Gottes als Reich Israels zu errichten. Im Geiste sahen sie sich schon auf Thronen sitzen und mit dem Messias über das wiedererrichtete Zwölfstämmevolk herrschen. Simon war offenbar der führende Kopf. Ob aber von Anfang an, wissen wir nicht. Er leitete dann aber die Wahl eines Ersatzmannes, als einer dieser Zwölf, Judas Iskarioth, nach einiger Zeit des vergeblichen Wartens auf die Ankunft des Messias Jesus die Geduld verlor und die Gruppe verließ.

Daraus erwuchs dann die bekannte Legende vom »Judasverrat«: Er habe Jesus schon *vor* Ostern verraten. Auch mit ihr wird Nachösterliches (»Verrat« an der bevorstehenden »Sache des Auferweckten«) in die Zeit des vorösterlichen Lebens Jesu zurückprojiziert und dementsprechend verändert bzw. verfälscht. (S. Jesus von Nazareth, S. 55–59.)

Daß die Zuwahl des Matthias (Apg 1,15 ff.) historisch war, leidet keinen Zweifel. Sie ist im Zusammenhang mit den Texten zu verstehen, in denen von einer damaligen besonderen Rolle des Simon die Rede ist. Er war es offenbar, der aufkommende Zweifel an der Richtigkeit der damaligen Vorstellung zurückdrängte und die Gruppe zusammenhielt. (S. Lk 22,31 f.: »Simon, wenn du zurückgekehrt bist, stärke deine Brüder.«) Dies trug ihm dann den Ehrennamen Kephas = Petrus = Fels ein. (S. Mt 16,18; Joh 1,42.)

Weiter haben solche Texte ihren »Sitz im Leben« in der damaligen Situation des Erwartens der Rückkehr Jesu als Messias Israels, in denen die falsche Erwartung des Reiches für Israel getadelt wird (Apg 1,6); in denen von der Hoffnung die Rede ist, im kommenden Reich auf Ehrenplätzen/Thronen bzw. zur Rechten und zur Linken Jesu zu sitzen (Mt 19,28/Lk 22,28–30; Mk 10,35–41/Mt 20,20–34). Diese und noch weitere Texte (nicht zuletzt der Vorblick auf das nächste Passah, der fälschlich sogenannte »eschatologische Ausblick«: Mk 14,25) sind zwar jetzt z. T. in vorösterlichen Zusammenhang hineingestellt, als ob es sich um Ereignisse und Worte aus dem irdischen Leben Jesu handelte. Ihre kritische Analyse ergibt aber, daß sie nur in die allererste »österliche« Zeit gehören können. (Im einzelnen s. Jesus von Nazareth, S. 46–92.)

Was schließlich das Grab Jesu betrifft, so war es für die Apostel selbstverständlich leer! So hatten es ihnen ja die Frauen in Galiläa berichtet, die den Leichnam Jesu nicht mehr gefunden hatten. Sich dessen eigens zu versichern, war schlicht überflüssig. Wie sollte auch der Messias kommen, wenn nicht in leibhaftiger Weise?

Eine *öffentliche* Verkündigung *dieses* Glaubens in Jerusalem, die doch zu Konflikten mit der jüdischen Obrigkeit geführt hätte, fand aber nicht statt. Sie war ja auch nicht nötig, weil der Messias selbst gleichsam schon vor der Tür stand.

2.2.3 Der Osterglaube der Apostel

Das Auferwecktsein Jesu bedeutete für die Apostel damals also (noch) nicht, Jesus sei zu Gott in den Himmel entrückt worden, um *irgendwann* einmal, am Ende aller Zeiten wiederzuerscheinen. Was die Apostel beseelte, war zwar durchaus Naherwartung, richtiger aber noch: *Nächst*erwartung. Sie waren somit auch nicht einfach Apokalyptiker, die mit einem zukünftigen *Ende* aller Geschichte durch *Gottes* Eingreifen rechneten. Vielmehr war ihr Glaube *messianistisch*: *Der Auferweckte*, also der durchaus leibhaftig-irdisch Lebende, wird Israel vom Joch der Römerherrschaft befreien – die *Römer* hatten ihn ja gekreuzigt! – und das Reich Israel, das Zwölfstämmevolk wiedererrichten, so daß jetzt die Gottesherrschaft auf Erden beginnen würde. Sie, die Zwölf, würden den Messias als Repräsentanten dieser zwölf Stämme begrüßen und selbst im messianischen Reich an der Seite des Messias mitherrschen.

Dieser erste Osterglaube der Apostel war also ein durchaus irdischer, geradezu handfester, auf das Diesseits bezogener Glaube, ein Glaube sozusagen aus Fleisch und Blut – so wie es die geschichtlichen Traditionen Israels immer schon gewesen waren. Selbstverständlich gehörte für den Glauben der Apostel auch Gott dazu. Aber auch hier so wie in der Tradition: Nicht um Gott an und für sich ging es, sondern um den Gott des Diesseits, Israels, Jesu, des vor der Tür stehenden Messias. Die Apostel freuten sich nicht auf ein Jenseits, auf den Himmel, sondern, salopp gesprochen, auf den Himmel auf Erden, auf das messianische Reich, das der *dazu* (selbstverständlich von Gott) Auferweckte errichten würde. Und hatte nicht Jesus selbst von der Herrschaft Gottes in dieser Welt jetzt schon gesprochen? Angesichts der faktischen Ereignisse, wie sie sie sahen bzw. hörten: von den Römern gekreuzigt, nicht mehr im Grabe, war ihre, wenn man so will, geradezu nächstliegende »Vision« die: Von Jerusalem, der Hauptstadt aus wird Jesus das Reich für Israel, die Herrschaft, das Reich Gottes errichten, und wir werden dabei sein.

2.3 Zusätzliche Bemerkungen

2.3.1 *Subjektivität* und *Objektivität des Osterglaubens*

Natürlich ließe sich wieder fragen, ob nicht von den verschiedenen Faktoren, die bei der Entstehung des Osterglaubens im Spiel waren, dieser oder jener Faktor wichtiger, ausschlaggebender war. Doch wer wollte dies noch entscheiden? Das muß auch gar nicht entschieden werden. Im Gegenteil! Solches Gewichten im einzelnen wäre schon wieder ein erster Schritt hin zu einer monokausalen Erklärung. Entscheidend ist gerade zu sehen, daß hier mehrere Faktoren zusammenkamen und in den Köpfen der Apostel zusammenwirkten, sich hier zusammenfügten bzw. von ihnen zusammengefügt wurden zu *ihrem* Osterglauben. Dessen »Subjektivität« ist in unserer Erklärung der Entstehung des Osterglaubens also keineswegs eliminiert! Im Gegenteil. Aber ihr Glaube, ihr Glaubenwollen entstand eben nicht sozusagen rein aus ihnen selbst, *in und aus* purer Innerlichkeit, in absoluter, einsamer Spontaneität und *bloßer* Subjektivität. Dergleichen anzunehmen ist abstrakt, ist ebenso ein existentialistisches Phantombild, das dann auch einer historisch-menschlichen-psychologischen Erklärung nicht mehr zugänglich ist, wie das (hegelianisch-straußische) Konstrukt eines anonym-allgemeinen Welt-, Volks- oder Gemeindegeistes, der den Osterglauben aus sich selbst produziert hätte: der Osterglaube als Ausdruck und Ergebnis halbwegs gelungener *selbst*bewußter *Vernunft*reflexion.

Wie gesagt heißt »Erklärung« nicht Eliminierung eines oder mehrerer Faktoren, die hier mit im Spiel waren, sondern ist Rekonstruktion des ganzen Komplexes der verschiedenen Faktoren – gegen den Versuch einer monokausalen Erklärung. Da es um den Osterglauben der Apostel, um seine Entstehung ging, war natürlich letztendlich dies von allen Faktoren das Entscheidendste und Wichtigste, daß *sie* »ostergläubig« wurden. Die Frauen hätten noch so viel erzählen können, wenn nicht *die Apostel* selbst es so hätten verstehen wollen, wie es der Fall war. Wenn nicht *ihnen* »ein Licht aufgegangen wäre« – davon waren sie jedenfalls überzeugt –, wäre aller Wahrscheinlichkeit nach nichts weiter passiert. Es ist also durchaus richtig, daß jener erste Osterglaube etwas Innerliches, Subjektives war, im Inneren, im Geiste der Apostel entstand – wo auch sonst?! Aber er entstand eben *nicht nur aus rein* subjektiver Innerlichkeit: Daß *die Römer* Jesus gekreuzigt hatten, war ja etwas durchaus Objektives, Äußerliches. Innerlich, subjektiv war selbstverständlich das, was die Apostel aus den für sie objektiven, äußeren Tatsachen (von den Römern gekreuzigt, kein Leichnam mehr vorhanden, leeres Grab) machten; und zwar in der natürlich auch als subjektiver Faktor mitspielenden alten Glaubensüberzeugung, daß *Gott* der eigentliche Herr und Herrscher Israels und der Welt sei. Aber ihr damaliges Glauben war eben nicht nur etwas Innerliches und nur aus ihrem Inneren entstanden, sondern ein komplexes Faktum aus Subjektivem und Objektivem, dessen Entstehen sehr wohl historisch-menschlich-psychologisch verständlich wird, wenn *alle* daran beteiligten Faktoren in Rechnung gestellt werden.

2.3.2 Fatal, wenn der Auferstandene wirklich erschienen wäre!

Es bedarf zur Erklärung der Entstehung *dieses* Osterglaubens der Apostel auch nicht der Annahme eines wirklichen Erschienenseins und Sichgezeigt- oder Sichgeoffenbarthabens des auferweckten Jesus selbst. (Die ophte-Formel ist anders zu verstehen – auch wenn sie dann schon in der Urkirche zur Bildung der späteren Osterlegenden von einem wirklichen Erschienensein des Auferweckten beitrug.) Genau bedacht, nämlich zusammengesehen mit dem wirklichen Verhalten der Apostel, d. h. mit ihrem Zurück-nach-Jerusalem, um dort den Auferweckten zu erwarten, würde ein solches Sichzeigen Jesu sogar einen ausgesprochen *fatalen* Beigeschmack erhalten. (Was übrigens auch dann gilt, wenn man, wie heute üblich, den Osterglauben der Apostel »nur« als irgendwie apokalyptisch, als »Naherwartung« kennzeichnet, wohingegen er nach unseren Ausführungen als messianistische »*Nächst*erwartung« zu charakterisieren ist!) Denn was die erwartete Rückkehr des Auferweckten betrifft, so stellte sich *dieser* Osterglaube schlichtweg als verfehlt, als falsch heraus. (Judas Iskarioth zog deshalb alsbald die Konsequenz, wieder nach Hause zu gehen.) Nun soll aber nach den Verfechtern der Erscheinungstheorie der Osterglaube der Apostel entstanden sein erst und gerade aufgrund des Sichgezeigthabens Jesu, des Auferweckten selbst. Dann fällt aber auch auf ihn zurück, daß die Apostel meinten, er werde alsbald in Jerusalem wieder bei ihnen sein! Salopp gesagt: Der Auferweckte hätte, wenn er schon den Aposteln erschien, sich ja auch unmißverständlich ausdrücken können. So aber hätte er seine Apostel mit seinem Sichzeigen erst einmal in die Irre geschickt: sei es in den Irrtum der sogenannten Naherwartung, sei es in den Irrtum der messianistischen Nächsterwartung.

Die Verfechter der Erscheinungstheorie werden sich zwar wehren und sagen: Es waren eben nur die Apostel selbst, die das Sichzeigen des Auferweckten falsch verstanden, ihre Interpretation geht allein auf ihr Konto, nicht auf das Konto des Erschienenen. Doch mit dieser Antwort wird nachträglich und künstlich abstrakt auseinandergerissen, was doch auch für diese Theorie selbst zunächst unabdingbar zusammengehörte. Auf jeden Fall muß sie zumindest einräumen, daß der erschienene Auferweckte, *sein* Erscheinen nicht etwas für die Apostel Eindeutiges war, das gar kein Mißverständnis hätte aufkommen lassen können. (Denn daß die Apostel sein *Sich*zeigen als Auferweckter – dies hier einmal angenommen – mißverstanden, falsch interpretiert haben, ist ja keine Frage.) War aber der Auferweckte selbst – und um *ihn*, nicht nur um das Gesehenhaben *der Apostel*, soll es sich nach jener Erscheinungstheorie gehandelt haben! – nicht »etwas Eindeutiges«, dann arbeitet die Theorie eben selbst mit einem uneindeutigen »Faktor« und kann somit das Faktum des Osterglaubens bzw. seines Entstehens als historische Theorie, die sie doch sein will, nicht erklären. (S. o. 2.1.2.5.)

Sie muß ja, um den Auferweckten von jenem fatalen Vorwurf frei zu halten, sein Sichzeigen reduzieren auf ein pures »Daß« (*sein* sogenannter »Impuls«), nämlich so: Irgendwie hätte der Auferweckte den Aposteln signalisiert, angezeigt: Ich lebe, ich bin nicht tot. Alles weitere soll auf das Konto der Apostel gehen. Erst an dieses Daß und sein Angekommensein im Geist der Apostel habe sich dann die zugegebenermaßen zunächst irrige Vorstellung von der bevorstehenden Rückkehr Jesu (oder auch die von einem bevorstehenden Ende der Geschichte: Naherwartung) angelehnt; sie wurde ja dann später auch durch andere, weniger massive Vorstellungen ersetzt.

Zuzugeben ist, daß die so modifizierte Erscheinungstheorie mit ihrem bloßen Signalisierthaben des Auferweckten, daß er lebe, nicht inkonsistent ist. Aber *als historische* Theorie bleibt sie zumindest unbefriedigend. Sie arbeitet bereits mit der Unterscheidung von einem bloßen »*Daß* ich lebe, auferweckt bin« und allen weiteren Vorstellungen. Mit einer Unterscheidung also, die zwar an sich richtig ist, die aber doch erst das Ergebnis viel späterer theologischer Reflexion ist, welche bereits darauf zurückblickt, daß die Geschichte des Osterglaubens auch eine Geschichte verschiedener Vorstellungen davon ist, was es mit dem »Gott hat Jesus auferweckt« näherhin auf sich hat. Diese an sich sinnvolle Unterscheidung nun im Hinblick auf die Entstehung des *ersten* Osterglaubens einzusetzen, um so das wirkliche (aber auf ein bloßes »Daß ich lebe« reduzierte) Sichgezeigthaben des Auferweckten zu retten und ihn zugleich von dem Makel freizuhalten, er habe seine Apostel durch sein Sichzeigen zu einem Irrtum verführt, das bleibt einerseits unhistorisch-anachronistisch, und es riecht andererseits nach unbedingtem Festhaltenwollen an etwas, was dann doch nichts Haltbares, nämlich *historisch* Eindeutiges sein darf.

2.3.3 Zum Gebliebensein des Osterglaubens in der Urkirche

Das, wenn man so will, eigentlich Erstaunliche am Osterglauben der Apostel ist nicht seine Entstehung, sondern daß er blieb, obwohl sich herausstellte, daß der Auferweckte nicht zurückkehren werde. Daß die messianisch-irdische Rückkehr Jesu zunächst das Zentrum, der entscheidende Inhalt des Osterglaubens war, darum sollte man nicht herumreden. Für diese erste, unmittelbar nachösterliche Phase des christlichen Glaubens, die etwa ein Jahr dauerte (dazu s. Jesus von Nazareth, 84–91), schon die Unterscheidung von einem bloßen Auferwecktsein Jesu durch Gott einerseits und der Erwartung und Vorstellung, er werde in Jerusalem erscheinen und zusammen mit den Aposteln das Reich Israel wiederherstellen, anderseits einzusetzen, das ist eine unhistorische, dogmatische Rückprojektion späterer Einsicht in Früheres. Für die Apostel und die, die bei ihnen waren, stand der Auferweckte sozusagen schon vor der Tür.

Die Unterscheidung zwischen einem Daß des Auferwecktseins Jesu und den anderen Vorstellungen haben dann aber faktisch die Apostel selbst gemacht oder zumindest »mitgemacht«. (Ich sage weiterhin einfach »die Apostel«. Eigentlich müßte man nun von der Jerusalemer Urgemeinde sprechen, zu der die Apostel gehörten, in der sie aber nicht mehr die zentrale führende Rolle innehatten wie vorher.) Die Vorstellung, die messianische Rückkehr Jesu stehe unmittelbar bevor, wurde zwar nicht einfachhin aufgegeben, aber dann doch so »modifiziert«, daß es nun hieß: Gott hat Jesus auferweckt, *und* er wird (irgendwann, aber wann, das können wir nicht sagen) wiederkommen. Schematisch gesagt (wir müssen hier nicht die Einzelheiten der urkirchlichen Christologie und ihrer Modelle darstellen): Das eine Ganze des ersten Osterglaubens wurde aufgeteilt: Gott *hat* Jesus auferweckt – der Auferweckte *wird* wiederkommen. Wir können auch (gewiß vereinfachend) so sagen: Damit wurde gleichsam unterschieden zwischen dem eigentlichen Kern des Osterglaubens und der Schale. Nicht als ob die »Schale« *nur* Schale gewesen wäre, die mit dem Kern nichts mehr zu tun gehabt hätte und einfach weggeworfen worden wäre. Auch nicht, als ob der »Kern« für die Apostel zu einem völlig unvorstellbaren X geschrumpft wäre! Auch den »Kern« stellte man sich anschaulich vor: Jesus ist jetzt im Himmel. Er thront zur Rechten Gottes. Er wird aber irgendwann in der Welt erscheinen usw. Und die »Schale«, nämlich die Vorstellung einer Rückkehr Jesu, wurde auch nicht einfach weggeworfen. Sondern sie wurde neugestaltet: Die Rückkehr wird sein Kommen zum Endgericht sein. Das ist Trost und Stärkung der Glaubenden, schreckliche Drohung für die anderen.

Die Apostel ließen also – nur darauf kommt es uns in unserem Zusammenhang an – nicht einfach den *ganzen* ersten Osterglauben fallen, nachdem dieser sich als Irrtum herausstellte, sondern sie blieben bei der Überzeugung, daß Jesus auferweckt sei, daß er lebe. Das war, bedenkt man die bisherige Erwartung und die Krise, in die der Glaube der Apostel angesichts des Ausbleibens Jesu geriet, ein geradezu trotziges Dennochglauben. Ein historisch-menschlich-psychologisch unerklärliches Wunder im eigentlichen Sinne war es aber doch nicht. Man wird sich ja nicht vorstellen müssen, die Apostel und die anderen mit ihnen hätten in der ganzen Zeit des ersten Jahres nur stumm zusammengesessen und auf das Erscheinen Jesu gewartet. Wenn sie auch keine Fachtheologen waren, werden sie sich ihre Gedanken gemacht haben über den Gott Israels, über das, was ihr Glaube von ihm wußte, über Jesus und sein Wirken. Solche Reflexionen und Überlegungen kreisten zwar zunächst sicher um die ursprüngliche Erwartung und sollten sie stärken. Sie blieben dann aber nicht ohne Wirkung, als diese sich als so, wie sie zunächst gedacht war, hinfällig erwies.

Man wird auch ganz nüchtern sagen dürfen: Es ist eben so; wenn Menschen einmal eine faszinierende Idee gehabt haben, sind sie, zumal sie ja nicht alleine sind, sondern gemeinsam von ihr überzeugt sind und alles auf diese Karte gesetzt haben, nicht so schnell bereit, sie einfach loszulassen, auch wenn die schnöden Tatsachen gegen sie zu sprechen scheinen. Nicht die »Idee an sich« ist falsch, sie muß nur so verstanden, interpretiert werden, daß sie von den Tatsachen nicht widerlegt werden kann. Man kann das hämisch als Immunisierungsstrategie bezeichnen. Man kann es aber auch ohne Häme als Ausweis dessen verstehen, daß das Glaubenwollen »des Menschen«, sein *Über*zeugtsein als solches, eben stärker und etwas eigenes, anderes ist, als das bloße Sehen, Wissen und Wahrnehmen von sogenannten nackten Tatsachen. Gleich um welche Tatsachen, Vorstellungen, Erwartungen usw. es sich im einzelnen auch handeln mag, dieses *Über*zeugt*sein*, dieses Glauben*wollen* ist nun einmal ein natürlich-menschliches Faktum, mag es auch in seiner Eigenart, je nachdem, worum es sich im einzelnen handelt, jeweils unterschiedlich stark sein und im Extremfall sogar zum sozusagen blind-fanatischen Trotzdemüberzeugtsein werden.

Bei religiösen Dingen heißt dieses Überzeugtsein Glauben. Theologisch reflektiert heißt es »Gnadengabe« und Wirkung Gottes, da Gott eben *alles* bewirkt und schafft. Aber diese theologischen Begriffe ändern nichts daran, daß die Sache des Überzeugtseins ein durchaus »natürliches«, menschliches Faktum ist. Und auch die spekulative theologische Reflexion, die hinzunimmt, daß alles durch und von Gott ist, daß alles von ihm geschaffen (= Gnade) ist, kann aus diesem »ganz natürlichen« Faktum nicht etwas anderes machen, als es ist.

2.3.4 Das Kind mit dem Bade ausgeschüttet?

Unsere rein historische Erklärung der Entstehung des Osterglaubens entspricht lediglich der Geschichtlichkeit, sprich: Menschlichkeit des Glaubens, jedes Glaubens, auch des christlichen Glaubens. Wird aber nicht mit ihr das Kind mit dem Bade ausgeschüttet? Kann, ja, müßte man dann nicht sagen: Wenn die Dinge damals tatsächlich so lagen, wie oben dargestellt, dann ist der christliche Glaube von Anfang an hinfällig, weil in der Wurzel korrumpiert. Dadurch und deshalb nämlich, weil seine Entstehung aller historischen Wahrscheinlichkeit nach auf einem schlichten Irrtum, einem Versehen beruhte: Die Frauen haben eben nur irrtümlicherweise ein leeres Grab für das Grab Jesu gehalten. Und genau dies hat die ganze Sache ins Rollen gebracht. Wären sie zum richtigen Grab Jesu gegangen, so wäre nichts weiter gewesen. Außerdem war ja nicht nur dieser Auslöser aller Wahrscheinlichkeit nach ein Versehen, auch das, was die Apostel daraus machten, war ein schlichtes Mißverständnis. Zwar mag dann schließlich die Verschiebung des erwarteten Erscheinens des Messias auf ein Irgendwannwiederkommen (als Menschensohn zum Endgericht) als eine »sanatio in radice« vorgenommen worden sein. Aber krank bleibt die Wurzel, nüchtern historisch gesehen, eben doch.

Doch selbst wenn man die Dinge so sieht, also annimmt, der erste Osterglaube entstand aufgrund eines Versehens, und er bestand aus inhaltlich falschen Vorstellungen – *dieses* Kind ist zwar mit dem Bade ausgeschüttet, aber es lebt doch weiter.

Schon die Autoren des Neuen Testaments »realisieren« das, was man heute die Unterscheidung von Entdeckungszusammenhang und Geltungszusammenhang nennt. Gemeint ist damit: Wie und warum eine Wahrheit, eine Idee entsteht oder entdeckt wird, das allein entscheidet noch nicht über die Richtigkeit oder Falschheit dieser Wahrheit. Und so wußten auch schon die Evangelisten, wie auch Paulus, sehr wohl noch um die (auch in ihren Augen!) »Problematik« des Ursprungs. Doch das war auch für sie schon nur noch Vergangenheit und nicht mehr maßgeblich für ihren Glauben. Ihr Glaube war nicht einfach nur derselbe wie der erste Osterglaube der Apostel.

Das Kind ist freilich, sowohl was sein Aussehen als auch was die Gründe betrifft, die damals zu seiner Entstehung führten, mit dem Ausschütten des Bades ein anderes geworden. Die Späteren (oder sagen wir einfach: wir) glauben in der Tat nicht mehr das, was die Apostel damals zuerst glaubten und sich vorstellten. Und wir glauben auch nicht aufgrund jener Tatsachen (die sie ja für die Apostel waren), die den Osterglauben der Apostel damals entstehen ließen. Im Bild: Der damalige erste Osterglaube war wie eine Rakete bzw. deren erste Stufe. Diese Stufe ist ausgebrannt und ins Meer gestürzt. Von ihr hat sich aber die Spitze getrennt, und diese fliegt nun selbständig weiter.

Wie aber sieht diese Spitze nun aus? Was hat sie an Bord? Können ihre Insassen sie steuern, aus eigener Kraft weiterbewegen? Oder wird die Erde auch sie einholen und ins Meer stürzen lassen? Die Spitze heißt »ewiges Leben«, »Jenseits«. Das ist der Inhalt unseres Glaubens.

Natürlich kann man sagen: *Das* war doch auch schon im Osterglauben irgendwie mitgemeint, impliziert. Sonst hätte schon die Urkirche den Osterglauben nicht in dieser Richtung weiterinterpretieren können; was sie aber faktisch getan hat. Das ist richtig. Aber das, was, rein logisch gesehen, im ersten Osterglauben auch schon implizit enthalten war, das war für die Apostel eben doch nicht die eigentliche Sache *ihres* Glaubens. Von *ihrem* Osterglauben wird man ruhig (gegen Berger, Marxsen, Schillebeeckx u. a.) sagen können, daß er ohne jene Dinge, die faktisch zu seiner Entstehung führten, gar nicht entstanden wäre. Und so bleibt er seinem Inhalt und den Gründen seines Entstehens nach eine »ausgebrannte Raketenstufe«. Erst *nachher* wurde das logisch Implizierte zum eigentlichen Glaubensinhalt. Der aber hatte als solcher auch nichts mehr zu tun mit *den* Gründen, die den Osterglauben sowohl entstehen ließen als auch inhaltlich bestimmten (»von den Römern gekreuzigt«; »nicht mehr im Grab«; »Reich Gottes bzw. Israel«).

»Ewiges Leben«, »Jenseits«: Wenn nun dies der Inhalt des Glaubens ist, dieser Glaube aber nicht mehr *so* zu begründen ist wie der Osterglaube der Apostel, ist er damit schlechthin grundlos und leer geworden? Daß seine »Begründung« anders aussehen müßte, als die des damaligen Osterglaubens, dürfte keine Frage sein. Kann aber überhaupt noch von »Grund«, von »begründet« gesprochen werden? Von »Grund« oder »Gründen« im Sinne solcher äußeren Tatsachen, wie das »von den Römern gekreuzigt« und das »leere Grab« für die Apostel eben äußere Tatsachen waren? So wohl nicht. Wenn, dann kann ein Begründetsein *unseres* Glaubens an »ewiges Leben« und »Jenseits« nur an diesem Glauben selbst aufzuzeigen sein. Indem nämlich gezeigt wird: Was er inhaltlich meint, das ist keineswegs unmöglich; und für die positive Möglichkeit gibt es immerhin phänomenale Hinweise. Diese sind zwar nicht *so* »äußerlicher« Art, wie etwa das historische Gekreuzigtwordensein Jesu durch die Römer. Aber doch geschichtliche »Tatsachen« unseres Diesseits, die prinzipiell jeder wahrnehmen kann und die in ihrer Eigenart bedenkenswert bleiben.

2.3.5 Exkurs: Absolutheitsansprüche aus christlichem Glauben?

Schließlich sei, nicht zuletzt im Hinblick auf weitere theologisch-dogmatische und insbesondere kirchliche und kirchenpolitische Fragen, festgehalten: Erscheinungen oder nicht, Impuls innen oder von außen – an der prinzipiellen geschichtlich-menschlichen Entstehung des Osterglaubens ändert das nichts. So oder so ist und bleibt dieser Glaube, dieses Glauben etwas Menschliches, Geschichtliches, strenggenommen Zufällig-Historisches, sowohl als Inhalt als auch als Akt gesehen. Selbst wenn man von einer »absoluten Erscheinung« spräche, *als* wahrgenommene, *als* vom Sehen *der Apostel* rezipierte, wäre sie eben nicht mehr »absolut«, sondern genau so »zufällig-historisch«, eben: geschichtlich wie die Apostel selbst. Irgendwelche Absolutheitsansprüche im strengen Sinne sind weder mit Erscheinungen noch mit dem Osterglauben zu begründen.

Prinzipiell behält Lessing damit recht: Nie können geschichtliche Fakten oder Wahrheiten absolute Wahrheiten begründen oder rechtfertigen. (Die scholastische Theologie hat sich an diesem Problem – es wurde verhandelt unter dem Titel »analysis fidei« – bis zuletzt vergeblich die Zähne ausgebissen.) Lessings Argument galt dem Absolutheitsanspruch jeder Kirche und jeder Dogmatik. Umgekehrt wird aber der richtige Schuh daraus: Keiner Kirche, keinem Glauben, keiner Dogmatik geht es um sogenannte absolute, meta-physische, reine Vernunftwahrheiten. (Ob es dergleichen überhaupt gibt und was das sein soll, bleibt zudem die Frage.) Alle reflektieren »nur« geschichtliche Fakten, »Geschichtswahrheiten«.

Das gilt erst recht hinsichtlich all dessen, was dann, salopp gesagt, aus dem Osterglauben gemacht wurde: Verkündigung, Kerygma, theologische oder auch philosophische Reflexion, Kirche, Schrift, Organisation, institutionalisierte Ämter. Das alles war und ist auch heute sicher geschichtlich notwendig und sinnvoll, auch wenn man im einzelnen darüber streiten kann, was daran gut ist oder besser aussehen könnte oder weniger gut ist oder war. Wenn der geschichtliche Osterglaube in der Geschichte lebendig bleiben sollte – und daß er lebendig bleiben sollte, davon waren die Apostel, die Kirche offenbar überzeugt –, mußte eben etwas »getan«/»gemacht« werden. Mußte noch mehr hinzukommen. Aber das Hinzukommende ist sowenig zu verabsolutieren wie der Osterglaube und sein Entstehen! (Absolut ist, wenn man so will, allein Gott und sein Auferwecken; aber auch dies zu glauben und aus diesem Glauben »etwas zu

machen« ist und bleibt geschichtlich, »zufällig-historisch«.)
Wer hier verabsolutiert, dem wäre dasselbe vorzuhalten, was
Paulus seinen jüdischen Glaubensgenossen vorhielt und was
wohl schon Jesus seinen Gegnern vorgehalten hatte: daß sie
das Gesetz, das doch auch erst später hinzugekommen war,
das zu den eigentlichen Verheißungen nur hinzugegeben
worden war, verabsolutierten, zum Eigentlichen machten.
Paulus sagt nicht, das Gesetz sei schlecht! Aber das Hinzuge-
kommene zum Eigentlichen zu machen, es praktisch zu verabsolutieren, das ist die Perversion, die er geißelt. Erst recht
sollte sich jede Kirche dergleichen enthalten, sitzt sie doch
von Anfang an in einem »zufällig-historischen« Boot. An die
Stelle von auch nur rhetorisch-pathetischer Verabsolutierung
von etwas, das sie doch selbst »gemacht« hat – sei es *ihr* Glaube, sei es *das* Amt, sei es *die* Schrift, sei es *die* Tradition oder
sonst etwas –, sollte das Argumentieren treten, wie weit all
dies sinnvoll, notwendig und dienlich ist, um den selbst auch
nur geschichtlichen Glauben in der Geschichte am Leben zu
halten. Absolutheitsansprüche mögen kleinen Geistern im-
ponieren. In den Augen kritisch-selbstkritischer Zeitgenos-
sen erscheinen sie eher als Zeugnis menschlicher Eitelkeit,
nicht nur etwas besonderes, sondern »etwas *ganz* besonderes« zu sein; auch als Beweis von Ängstlichkeit, von Unfähig-
keit oder auch nur Unwilligkeit, sprich: Bequemlichkeit zu
sachlicher Auseinandersetzung über Dinge, die man nun einmal so oder auch anders beurteilen kann.

NB: Nicht als ob schon der Verzicht auf *Absolutheits*an-
sprüche irgendwelche Probleme löste, wie die Pluralistische
Religionstheologie zu glauben scheint. Auch heißt *dieser*
Verzicht nicht, auf die Überzeugung verzichten müssen und
sie nicht vertreten zu dürfen, die eigene Religion sei die wahre, bessere, gar die beste von allen! – Religion, Glauben hat es
viel weniger mit dem *einen* Absoluten zu tun, als mit der
Wirklichkeit des konkreten *Vielen* unserer Welt. Über jenes
könnte man sich schnell einigen – hier im Raume treffen die
Dinge hart aufeinander.

3. KAPITEL
Über die Seele

Nach dem Ausflug in die Vergangenheit, nämlich zu den geschichtlichen Anfängen des christlichen Glaubens, befassen wir uns nun mit unserer eigenen Gegenwart. Natürlich sieht der Glaube eines Christen, der um die ganze christliche Tradition weiß, auf den ersten Blick farbiger aus, als der Glaube, der nur noch sagt: Es ist nicht alles aus mit dem Tode. Aber das ändert nichts daran, daß beider Glaube und Glauben in jeder Hinsicht geschichtlich ist und bleibt. Der Faktor Geschichtlichkeit ist ihr gemeinsamer Nenner. Und er ist, je nachdem, wie man nun sagen will, das schwächste oder stärkste Glied in der Kette des Glaubens, gleich wie kurz oder lang diese Kette sein mag. Inhaltlich entspricht dieser formalen Geschichtlichkeit des Glaubens: Der Glaube gilt dem Diesseitigen, sei es dem irdischen, von den Römern gekreuzigten Jesus, sei es einem unserer Verstorbenen, an dessen Grab wir stehen. (Hier wie dort gilt selbstverständlich, daß Gott irgendwie »mitgeglaubt« wird; aber beide Male eben nur insofern, als nur er der Auferweckende bzw. der »ewiges Leben« Gebende sein kann.) Und so ist die Frage, ob und wie sich dieser Glaube, genauer: seine Sache, auch im Heute noch verantworten läßt. (Selbstverständlich steht es jedem frei, sich für seinen Glauben auf den Glauben der Kirche, der Tradition, der Apostel usf. zu berufen. Doch das ist kein eigenes Verantworten und Rechenschaftgeben von der Sache des Glaubens, sondern eher ein Abschieben dieser Verantwortung auf andere.)

3.1 Dank an Platon

Im zweiten Kapitel sahen wir, daß der erste Osterglaube der Apostel ein, sogar ganz massiv diesseitiger Glaube war. So wie damals gedacht gehört er natürlich der Vergangenheit an.

67

Ihn hat die Glaubensgeschichte selbst korrigiert. Bis dahin, daß der Inhalt des Glaubens heute gewöhnlich so aussieht: Nur erst die Seelen der Verstorbenen sind schon beim Herrn, die *leibliche* Auferstehung kommt »später«. (Auch in dieser Vorstellung hält sich die Diesseitigkeit des damaligen Osterglaubens durchaus noch durch, wenn auch in anderer Form, was das Leibliche als solches betrifft, von dem es nun heißt: später; irgendwie; Gott weiß, wann und wie.) Das ist, ungeachtet aller christlichen Modifizierungen, *gut platonisch* gedacht. Mit der leiblich-materiellen Komponente des Menschen konnte schon Platon nicht viel anfangen. Doch der christliche Glaube und die Theologie offenbar auch nicht! Denn auch für sie ist das Leiblich-Kosmische ja ganz an den Rand, in die Ferne eines sogenannten Endes der Welt gerückt.

Die platonisierende Interpretation des christlichen Glaubens halte ich aber zunächst einmal für die im Prinzip einzig sinnvolle und denkbare, für die einzig mögliche, weil allein realistische. Auch wenn es in Theologenkreisen heute eher Mode ist, vornehm die Nase zu rümpfen, wenn der Name Platon fällt. Das Rad »unsterbliche Seele« brauchte der christliche Glaube nicht erst neu zu erfinden, er hat es einfach übernommen. Und wie der Wagen des christlichen Glaubens ohne dieses Rad »unsterbliche Seele« weiterrollen könnte, das hat noch keiner überzeugend dargelegt. Mit Weltflüchtigkeit hat das übrigens gar nichts zu tun. Auch Platon selbst war alles andere als weltflüchtig.

Zwar ist der christliche Glaube nun doch noch mehr als *bloßer* Platon, der das Materielle, Kosmische, Leibliche letztlich sich selbst überließ. Aber die »Priorität der Seele«, der Geistseele war für Platon ebenso selbstverständlich, wie sie dann für den christlichen Glauben geworden ist: Zuerst die Seele, irgendwann später – weiß Gott, wann und wie – der Leib.

Wie gesagt muß das Rad »Seele« hier nicht neu erfunden werden. Unsere Frage soll vielmehr sein: Läßt sich die Rede von einer Seele heute überhaupt noch verantworten? Und wie, wenn doch im Diesseits alles vergänglich ist, wenn nichts so bleibt, wie es ist? Darum geht es in diesem 3. Kapitel. Die zweite Frage (4. Kapitel) wird dann sein: Muß es hinsichtlich des Leiblich-Materiellen bei der »Notlösung« bleiben, seine »Auferstehung« auf ein »Ende der Welt« zu verschieben? Ist nicht vielleicht das Diesseits, der Kosmos, schon jetzt das Jenseits, der Himmel – dementsprechend, daß der Glaube ja bei »Auferstehung des Leibes/der Leiber« keine anderen Leiber meint, als diese irdischen; kurz: die diesseitige materielle, physische Wirklichkeit. Diese Frage zu beantworten, bedarf es freilich einer »Meta-physik«, die eben über das Physisch-Empirische hinausgreift, oder richtiger: sich tiefer in es hineindenkt. Doch zunächst zum Thema »Seele«.

3.2 Was mit »Seele« *nicht* gemeint ist

Im 1. Kapitel wurde als die grundlegende und maßgebliche Struktur des Glaubensaktes als solchen seine *Intentionalität* herausgestellt. Glauben, Überzeugtsein gilt einem geschichtlichen Etwas. Glauben, daß mit dem Tode nicht alles aus sei, gilt dem ihm wertvollen *Anderen*; gilt dem, von dem der Glaubende will/möchte/überzeugt ist, daß *es* bleibe. Auch Glauben-an, Überzeugtsein-von »ewigem Leben« und »Jenseits« ist somit gar nicht – jedenfalls strukturell nicht – *nur* ein subjektiv-egoistisches Klammern am eigenen Ich und dessen Leben.

Wäre Glauben an ewiges Leben nur egoistisch, nur Überlebenswille des Ichs, dann läge es nahe, ihn biologistisch als nur sublimierten Akt triebhafter Vitalität abzutun; sozusagen als ganz und nur natürlich. Aber selbst wenn man sich auf diese reduktionistische Sicht einmal einläßt, weil der Mensch doch unleugbar »Natur« ist und somit auch Geist, Seele, sein Glaubenwollen nicht einfach vom Himmel fallen, zeigt sich: Schon »das Biologische« ist – genau besehen und nicht schon wieder begrifflich viviseziert – nicht *nur* egoistisch! *Nur* egoistisch (was eben schon eine Abstraktion ist!) könnte Lebendiges gar nicht existieren! Existieren, leben kann Lebendiges, welches es auch immer sein mag, nur im Mit-ein-ander *mit* dem Anderen. (Das Andere ist schon sein eigener materieller »Körper«/»Leib«.) *Mit* dem anderen seiner jeweiligen Welt/

Umwelt. Egoistisch erhält es sich *gegen* seine Umwelt, aber es muß seine jeweilige Umwelt auch *schonen* (N. b.: »schonen« führt etymologisch zu »schön«!), da es nur mit und von ihr leben kann. Auch die Struktur des sogenannten Nur-Biologischen ist also die einer dialektisch-lebendigen Intentionalität, ist die eines lebendigen Mit-ein-anders, ohne die Leben gar nicht denkbar wäre.

Glauben ist also Überzeugtsein davon, daß das/der Andere zu schade ist, zu wertvoll ist, als daß es/er einfach vergehen dürfte. In aller »egoistischen« Subjektivität des Zu-schade-*für-mich* hängt der Glaube geradezu objektivistisch am Anderen, was auch immer dies nun sei. Denn *dies* ist ihm das Wertvolle, beglückend Erscheinende, ja, geradezu Wunderbare, Schöne. Das Andere ist ihm somit auch nicht etwas von ihm selbst Gemachtes. Es ist sein Gegenüber, das ihm erscheint, aber in seinem Selbst das Andere bleibt. In diesem Einander-erscheinen sind beide eins, ohne daß doch ihr Selbst an den Tag träte und offenbar würde. Weder das Selbst des Anderen noch ein Selbst des Glaubenden tritt sichtbar zutage. Dieses Selbst ist (jedenfalls vom christlichen Glauben) gemeint, wenn von »*der* Seele« (oder auch »der Person«) des Menschen gesprochen wird.

Glauben an »ewiges Leben« und »Jenseits« will das, was traditionellerweise »Unsterblichkeit«, »unsterbliche Seele« heißt. »Die Seele«, sei es die des Anderen, sei es meine, erscheint aber nicht. Weder *als* unsterbliche in ihrer Unsterblichkeit, nämlich in ihrem ewigen Bleiben im Jenseits; noch als unsterbliche im Diesseits. Obwohl doch der Glaube gerade von »der Seele«, dem Anderen, seinem Selbst will, daß es nicht vergehe. Obwohl alles, was von ihr erscheint im Diesseits, auch schon wieder vergeht. Obwohl alles von ihr *nur* Erscheinung zu sein scheint. Oder – und nur dies kann dann noch unsere Frage sein – gibt es in oder an diesen Erscheinungen doch etwas, auf das der Glaube verweisen kann: Am Anderen selbst ist etwas, und zwar schon jetzt, das nicht nur sozusagen augenblickliche Erscheinung ist, die wieder vergeht. Das zwar nicht *die* Seele, *das* Du, *das* Selbst, *die* »Person« (unterschieden von der »Persönlichkeit«, zu der ein Mensch im Laufe der Zeit wird – oder auch nicht wird) des

Anderen ist, aber doch den Charakter des Bleibens, des Über-lebens, des Dauerns aufweist. Das nicht schon einfachhin »unsterblich« ist und so dem Gesetz des Entstehens und Ver-gehens *schlechthin* und absolut überlegen wäre. Das aber doch »*relativ* bleiben*der*« ist. Auf dieses ganz eigenartige, ja, erstaunliche und in diesem Sinne »wunderbare« Phänomen hinweisend, könnte der Glaubende dann sagen: »Ewiges Leben«, »Bleiben des Anderen«, »seiner Seele« anzunehmen, zu glauben ist nicht ohne jeden Anhalt im Diesseits, auch wenn »*die* unsterbliche Seele« selbst sich nicht zeigen läßt. Zunächst aber einige eher kritische Abgrenzungen, damit noch deutlicher werde, was nicht gemeint ist.

3.2.1 Die *unsterbliche Seele wird* nur *geglaubt*

Den Glauben an »ewiges Leben«, an »Unsterblichkcit der Seele« zu verantworten kann nicht heißen, *sie* schon im Diesseits nachzuweisen, zu beweisen. In der Welt sterben alle, so daß man mit Recht erst einmal sagen kann: Auch »die Seele« des Menschen ist sterblich. Das ist auch für den Glau-ben so, wenngleich sie für ihn nicht *nur* sterblich ist. Ihre Sterblichkeit ist gewissermaßen nur die eine Seite ihres Wesens; daß sie »ewig bleibt« ist die (»erst«) andere Seite.

Das heißt aber eben nicht, diese vom Glauben behauptete andere Seite, also das Unsterblich- oder Unvergänglichsein der Seele sei jetzt, im Diesseits als solches schon erkennbar. Ja, es müsse doch schon jetzt erkennbar sein an uns, den Lebenden, da doch die Seele im Diesseits keine andere ist, als jene, die ewig leben, unsterblich sein wird. Keine Frage, daß der Glaube die Identität der einen Seele annimmt. Doch die »Eigenschaft der Unsterblichkeit« dieser einen Seele ist erstens nur geglaubt, gewollt. Zweitens wird sie als wirklich erst für das *spätere* Jenseits nach dem Tode behauptet. Der *Glaube* selbst behauptet gar nicht, die Seele *sei jetzt schon unsterblich*. Auch nicht, das sei jetzt schon am Menschen zu erkennen.

3.2.2 »Seele«, kein unsichtbarer Doppelgänger

Die Annahme, schon jetzt sei »die Seele« unsterblich, sie könne und müsse jedenfalls schon jetzt so gedacht werden, ist eine Behauptung erst des weiteren, reflektierenden Nachdenkens angesichts des Glaubens an ewiges Leben. Sie ist Ergebnis einer eigenen Schlußfolgerung, mit dem die rationale Reflexion dem Glauben scheint zu Hilfe kommen zu können. Ist das aber wirklich der Fall?

Rein logisch gesehen entspricht diese Schlußfolgerung zwar dem Glauben, insofern dieser ja sehr wohl die Identität von »Seele im Diesseits« und »Seele im Jenseits« meint. Aber jene Reflexion will doch noch mehr. Während der Glaube lediglich von jenseitigem »ewigen Leben«, also von *zukünftigem* Nichtmehrsterben, sondern Bleiben spricht, nicht aber davon, daß das jetzt schon *erkennbar* sei, will die Reflexion genau dies. Sie möchte es nicht nur so behaupten wie der Glaubende, der sagt: »Der Mensch hat eine unsterbliche Seele.« Sondern sie möchte diese »*unsterbliche* Seele« als solche begreifen; nämlich jetzt, am jetzigen Menschen im Diesseits zeigen, daß er eine *unsterbliche* Seele haben müsse. Sie möchte es geradezu jetzt schon besser wissen; nämlich nicht nur an Unsterblichkeit glauben, sondern sie jetzt schon beweisen. Daher nun ihre Versuche, aus der Erfahrung, aus der Empirie, *die* Seele, ihre »Substantialität« zu erkennen, zu erschließen.

Ihre »Substantialität«, das heißt: »Die Seele« ist etwas, das in sich und als es selbst subsistiert, existiert. Etwas, das von anderer Seinsweise ist als das Leiblich-Körperlich-Materielle. Sie ist zwar auch deren informierendes Prinzip (»forma corporis«). Sie ist selbst aber nicht etwas Materielles, Ausgedehntes, sondern sie ist geistig; und das heißt: nicht ausgedehnt, einfach, überräumlich. Und aufgrund dieser (durchaus phänomenalen, empirisch erkennbaren) Eigenschaften müsse man, dies ist die entscheidende Schlußfolgerung, sagen: Sie ist immaterieller Geist, und als immaterieller Geist besteht, existiert, subsistiert sie unzerstörbar als sie selbst. (Und dies entspreche dem Glauben, daß sie dann auch im Jenseits leibfrei, ohne ihren körperlich-materiellen Leib weiterexistieren kann.) Aus der phänomenalen *Eigenart* ihrer *Geistigkeit* wird also auf ein geistiges *Subjekt*, auf *die* Geistseele geschlossen. Aus »eigenartigen«, nämlich immateriellen geistigen Akten wird auf einen eigenen Träger oder Akteur geschlossen, der selbst als ein immaterielles und somit unzerstörbares Wesen zu *denken* sei.

Dieser Schluß des Denkens ist nicht unmöglich, widersprüchlich, unlogisch. Es hat durchaus etwas für sich zu sagen: Akte oder Ergebnisse immaterieller Art ohne einen Akteur, wie soll das gehen? Nur: Was heißt hier: denken? Diesen *Akteur*, eben *die* Seele zu denken, das ist dann inhaltlich gesehen ein Denken ohne jede materiell-sinnliche Vorstellung und Erfahrung. Mit anderen Worten: »*Die* Seele selbst«, das ist kein Begriff für ein irgendwie denkbares, vorstellbares empirisches Etwas, sondern er steht nur noch für folgendes: Da muß noch etwas anderes sein, dahinterstehen; etwas anderes, das nicht mit seinen Auswirkungen usw. identisch ist, sondern deren selbständiger Grund ist. Etwas anderes, das nicht so phänomenal empirisch ist wie alles Wahrnehmbare von ihm. Etwas, das vielmehr im eigentlichen und strengen Sinn des Wortes »etwas Überempirisches«, »etwas Metaphysisches« ist.

Wie gesagt, der Schluß auf die »metaphysische«, »metaempirische«, »unsichtbare Seele« des Menschen als das »eigentliche« Subjekt der Akte und Eigenschaften, die wir am Menschen wahrnehmen und die rein materialistisch nicht wirklich erklärt werden können, ist nicht unlogisch. Aber er erklärt nun selbst auch nichts! Denn diese rein geistige Seele, dieses »eigentliche Subjekt«, dieses unsichtbare Selbst – das ja nicht schon das empirische Ich- und Selbstbewußtsein ist! –, es ist etwas ganz Abstraktes, Allgemeines, das nur noch ganz formal, ohne materiellen Inhalt angenommen wird. In sich selbst kann es gar nicht positiv begriffen und bestimmt werden, denn dann wäre es ja schon wieder als ein empirisches Etwas vorgestellt, obwohl es doch das »eigentliche Subjekt« hinter oder über allem empirisch Wahrnehmbaren sein soll. Dieser metaphysische Begriff »die Seele« (oder auch der Begriff »*die* Person« als solche) ist also gar kein einfacher, positiver *Begriff* für etwas. Sondern es handelt sich zunächst einmal um einen komplexen *Inbegriff* des Schließenwollens auf ein solches »Etwas«, das aber selbst nur *negativ* bestimmt werden kann; um einen bloßen Reflexionsbegriff des Anerkennenwollens von »mehr als empirisch wahrnehmbar«. (So zu denken, das ist gewissermaßen im Kleinformat derselbe Vorgang, den die sogenannte »negative Theologie« betreibt.)

Von dieser nur »metaphysischen Seele«, die etwas rein Geistiges, reiner Geist wäre, auch Unsterblichkeit anzunehmen, das ist nicht sonderlich problematisch. Aber dieses Unsterbliche wäre eben etwas ganz Allgemeines, Abstraktes, Überempirisches. Es hätte auch mit dem individuellen, diesseitigen Menschen nichts wirklich zu tun. Mit Aristoteles und anderen, die ihm darin folgen (P. Pomponazzi), könnte man sagen, es wäre der bloße »Nous«, das bloße Denken als solches, das den Menschen überlebte: *das* zeitlos Ewige und »Allgemeine« im Menschen.

Bleibt man nun bei diesem »*meta*physisch« – und das heißt, es handelt sich um etwas nicht wieder anschaulich Vorstellbares –, so läßt sich gegen seine Annahme an sich nichts sagen. Dieses *Meta*physische ist sozusagen ex definitione auch nicht widerlegbar. Es ist ja nicht als nichtexistierend nachweisbar. Nur: Mit ihm läßt sich auch weiter nichts anfangen. Ja, die Annahme dieser »*meta*physischen Seele«, dieses »reinen Geistes« in *seinem Sub*stantiieren (Selbstsein, »Substantialität«) könnte sich, was das eigentliche Interesse des Glaubens, jedenfalls des christlichen Glaubens betrifft, sogar kontraproduktiv auswirken. So nämlich, daß es nun heißt: Diese »*meta*physische Seele« hat mit dem empirischen Menschen nichts wirklich zu tun. Ihr Metaphysiker mögt sie sogar als unsterblich, als unzerstörbaren, reinen Geist annehmen, als das sogenannte Ewige im Menschen. Doch *dieses* Ewige, *diese* Seele, die ja hinter und über allem Empirischen sein soll, sie können wir, die Empiriker, euch gut und gerne überlassen. Denn so können wir uns um so ungestörter an das rein Empirische halten.

An *dieser* »metaphysischen Seele« ist wie gesagt der christliche Glaube, wenn er von »unsterblicher Seele« spricht, gar nicht interessiert! Es geht ihm nicht um etwas Allgemeines, um etwas im wörtlichen Sinne Ab-solutes, das

74

eben frei, ab-solut = los-gelöst nochmals hinter oder über dem
wirklichen, empirischen Menschen und seiner Seele stünde.
Ihm geht es vielmehr um die Unsterblichkeit *der* »Seele«, die
im Diesseits sich durchaus als sterblich erweist. Und so ist
die meta-physische Spekulation, es müsse »*die* Seele« als das
»eigentliche Subjekt« und der unsichtbare Träger der geist-
seelischen und auch leiblichen Tätigkeiten usw. angenommen werden, für den Glauben und das, was *er* meint und will,
gar nicht sonderlich hilfreich. Sie führt eher in ein Abseits. Für
den Glauben hilfreich könnte es hingegen nur sein, wenn sich
an der »empirischen Seele« des Menschen, an *seiner* empirischen Person etwas zeigen ließe, das den »Charakter des Bleibenden« hätte.

3.2.3 »Seele«, mehr als Ich- und Selbstbewußtsein

Wenn der Glaube von »ewigem Leben«, Unsterblichkeit der
Seele des Menschen im Jenseits spricht, meint er nicht ein
»unsichtbares«, »*meta*physisches« Subjekt hinter oder über
dem »sichtbaren« Menschen. Noch meint er gar etwas nur
noch Allgemeines, das vom konkreten Menschen abstra-
hiert, erschlossen wird. Er meint den Menschen in seiner
Individualität, in seinem Selbstsein. Nun werden Individualität und Selbstsein zwar auch erfahren, als Ichbewußtsein, als
Selbstbewußtsein. Auch ist nicht zu bestreiten, daß sich
schon mit dem Selbst- und Ichbewußtsein so etwas wie eine
dauerhafte Überlegenheit des Menschen über vielen Phänomenen in der Welt dokumentiert. Doch das Verantworten-
wollen des Glaubens an »ewiges Leben der Seele« kann sich
nicht nur auf diesen Punkt konzentrieren bzw. reduzieren
und gleichsam mit dem Finger auf ihn zeigen und sagen: Da
ist etwas im Menschen, an seiner Seele, das offensichtlich
bleibender ist als alles andere.

Das Ich- und Selbstbewußtsein des Menschen, seiner Seele, soll, wie gesagt, gar nicht bestritten werden. Es scheint
aber dem eigentlichen Wesen und Wollen des Glaubens, dem
es um das Bleiben des *Anderen* geht, nicht gerade entsprechend zu sein, nur auf ein Ich und Selbst als solches abzustel-

len. Dem Glauben geht es um das Mit-ein-ander, also mehr um ein Wir, als um das Bleiben je für sich seiender Ichs. Das Ich oder Selbst als solches ist zudem gar nicht mehr wirklich faßbar. Weder das eigene noch gar das des/der Anderen.

Damit soll keineswegs denen beigepflichtet werden, die das Ich- und Selbstbewußtsein des Menschen (geradezu etwas zu selbstlos oder auch schon wieder zu hochnäsig) als nur illusorisch und als ganz unmaßgeblich abtun wollen (z. B. Schopenhauer, Nietzsche). Doch wenn auch das Ich- und Selbstbewußtsein, das, wie man zugeben kann, in der neuzeitlichen Denktradition seit Descartes wohl zu sehr zum entscheidenden Punkt in der Auseinandersetzung um die Seele hochstilisiert wurde, nicht einfach zu eliminieren ist, erscheint es doch anderseits als eine zu problematische, zu unsichere, geradezu zu schwankende »Sache«, um dem Glauben einen Anhalt für *seine* Überzeugung von ewigem Leben der *Seele* zu sein. Das seiner selbst bewußte Ich ist eher eine zu persönliche, zu individuelle und zu subjektive Angelegenheit, als daß es sich anböte, nur mit ihm den Glauben an ewiges Leben und Unsterblichkeit der Seele zu verantworten. Damit konzentrierte sich der Glaube gewissermaßen nur noch auf etwas ganz Punktuelles, das doch auch nur »kommt und geht«. Auch zöge er wohl den Verdacht auf sich, nun doch allzusehr um sein eigenes Ich besorgt zu sein. Warum aber sollte ewiges Leben, Unsterblichkeit für ein bloßes Ich wünschenswert sein?

3.2.4 »Seele«, handelnd und leidend

Der Glaube meint die Seele des irdischen, leibhaften Menschen; *sie* soll ewig leben. Somit ist mit »Seele« nicht eine *rein* geistige Wirklichkeit gemeint. »Reiner Geist« wäre, wie oben dargelegt, ein metaphysisches Abstraktum. Natürlich ist »Geist*igkeit*« eine Eigenart der Seele. Aber »geistig« ist noch nicht »reiner Geist«. Die irdische, leibhaftige Seele ist somit auch nicht »rein« in dem Sinne, daß sie sozusagen seelenlose, gefühllose Seele wäre; als rein geistige nur aktiv aus sich selbst und um ihrer selbst willen existierend. Als menschliche Seele ist sie aktiv und passiv ineins. Sie lebt intentional ek-sistierend auf anderes hin; und ebenso von anderem her; im ständigen Werden als Mit-, Von- und Gegen-ein-ander. Ihr Anderes ist schon der Leib, den sie beseelt, von dem sie aber auch abhängig ist; der sie ernährt, der sie erfreuen, aber auch quälen kann. Das Andere ist ihre Umwelt, die Welt, die Anderen.

Wenn wir von der Seele, von *ihrem* ewigen Leben und Bleiben sprechen, dann von dieser konkreten, »leibhaftig« lebendigen Seele, von keiner anderen. So ist mit »Seele« auch nicht die Seele allein für sich gemeint, sondern sie mit allem Anderen in ihr und an ihr, das sie in der Geschichte ihres irdischen Lebens erlebt und erfährt, und ohne das sie nur ein leeres abstraktes Gespenst wäre. Platon läßt Sokrates vor seinem Tode sagen, er, Sokrates, freue sich schon auf das Gespräch mit Odysseus und all denen im Jenseits, die im Diesseits als klug und weise angesehen waren. »Seele«, das ist also der geschichtliche Sokrates, der geschichtliche Jesus, jeder Mensch in seiner jeweiligen Diesseitigkeit: so, wie er hier geworden ist, und so, wie er hier behandelt wurde.

3.3 »Seele«: erinnertes Diesseits

Für den, der seinen Glauben an ewiges Leben auch verantworten will, stellt sich die Frage: Gibt es am oder im Menschen etwas, ein empirisches, diesseitiges Phänomen, auf das ich hinweisen und sagen kann: Da zeigt sich etwas »relativ Bleibendes« in der sonst so vergänglichen Welt. Etwas dem sonstigen Kommen und Gehen gegenüber *Über*legenes, von dem ich glauben möchte und glauben kann, daß es ewig bleibt, weil es schon jetzt mehr als *nur* sterblich, *nur* vergänglich ist. Dazu nun die folgende These:

Die menschliche Seele erweist sich damit als etwas Bleibenderes in der Welt und allen anderen Phänomenen des Seins *Über*legenes, daß sie *Erinnerung* ist; daß sie Erinnerung hat; jedenfalls im normalen Erwachsenenfall haben kann. Ihr eigenes, eigenartiges Wesen ist von *memorialer* Art. Und es ist ihre eigene Geschichtlichkeit, ihr geschichtliches Wesen, das sich im *Phänomen der Erinnerung* verwirklicht.

Vorab: Erinnerung ist selbstverständlich als *konkrete* Erinnerung, also als Erinnerung an/von *etwas* gemeint. Auch in Erinnerung verwirklicht sich die Struktur der dialektischen Intentionalität, also des Mit-ein-anders; auch noch dann, wenn ich nur mich selbst zum Gegenstand, somit zum Anderen meiner Erinnerung mache.

Weiter: Es geht um den möglichen und wirklichen Normalfall. Zweifellos gibt es »Grenzprobleme«, die Fragen aufwerfen, angefangen vom einfachen Vergessen bis zum Phänomen des Verlustes des Identitätsbewußtseins. Erinnerung ist ja selbst etwas geschichtlich Werdendes in der Welt. Somit auch störbar. Sie wird, entsteht mit der Zeit – bis zum Ende des Lebens. Aber die Grenz- und Problemfragen, die es auch gibt, können nicht das Normalphänomen aus der Welt schaffen und gleichsam vernichten, daß es eben Erinnerung gibt. Grenzfälle und ihre Fragen oder pathologische Probleme können ja überhaupt nur als solche begriffen werden, weil und indem wir das Normale, Unproblematische kennen.

Schließlich: Erinnerung als das eigentlich Auszeichnende des Menschen, seiner Seele, diese Sicht ist auch Kritik an jenen Anthropologien, die das Besondere und eigentlich Menschliche darin sehen, daß er gleichsam nach vorwärts ausgerichtet ist. Daß er auf Zukunft ausgreift. (Bei den Theologen wird dann daraus das Vorgreifen auf eine »absolute Zukunft«.) Daß der Mensch auch nach vorne schaut, ist gar keine Frage. Aber das »Zukünftige«, auf das er sich einstellen, auf das er vorgreifen, das er vielleicht planen kann, ist gar nicht *so* zukünftig! Es gehört schon zu seiner Welt, ist ihm im Geiste bereits gegenwärtig. Wenigstens als kommende Möglichkeit, sei es als Möglichkeit, die ihm Sorge bereitet, sei es als Möglichkeit, die ihn freudig hoffen läßt. Darin unterscheidet er sich, so könnte man sagen, nicht von Tieren. Auch sie treffen Vorsorge für das bevorstehende Zukünftige, soweit sie davon »wissen«. Und das ist einfach lebensnotwendig, zweckmäßig.

Inwiefern ist nun Erinnerung das eigentlich Auszeichnende und Überlegene der menschlichen Seele und gleichsam das Dokument ihrer eigenen Art, ihres eigenen Wesens? Der sogleich auf der Hand liegende Einwand soll es verdeutlichen: Tiere haben doch auch ein Gedächtnis, sie erinnern sich und verhalten sich dementsprechend. Man denke nur an das sprichwörtliche Elefantengedächtnis.

Das ist völlig richtig. Aber um *diese* Erinnerung, den Speicher des Gedächtnisses geht es nicht. Das ist schon ganz vom Subjekt assimilierte, jetzt in ihm zur wirksamen *Gegenwart* gewordene Vergangenheit. (Sie kann bekanntlich zum Teil vererbt werden, so daß in den Nachkommen die Vergangenheit weiterlebt.) Vielmehr geht es um Erinnerung an Vergangenes *als* Vergangenes! Also um die *bewußte* Erinnerung an etwas, das einmal wirklich war, jetzt aber nicht mehr ist, aber *als* Erinnerung-an-es aufgehoben ist in der Seele. Nach außen dokumentiert sich die Erinnerung an Vergangenes *als solches* dann auch durch das Erzählen von Geschichten.

Natürlich kann man jetzt einfach behaupten: Wer beweist, daß nicht auch Tiere sich Geschichten über ihre Vergangenheit erzählen? Nur: Damit dies ein wirkliches Gegenargument sein könnte, müßte erst einmal positiv nachgewiesen werden, *daß* Tiere sich Geschichten über Vergangenes *als solches* erzählen. Und einmal angenommen, sie täten es, so müßten wir sagen, daß sie nicht »nur Tiere« wären.

Das Erzählen versprachlicht Erinnerung, gibt sie weiter an andere. Und das dokumentiert eben: Dank seiner Seele, seiner sogenannten geistigen Seele, ist der Mensch eben nicht nur dem Gegenwärtigen, Sichtbaren, Sinnlich-Materiellen ausgesetzt und verhaftet. Sie ist all dem auch relativ überlegen.

Die Dinge, die Tiere, die Natur, die Welt ohne den Menschen gedacht, sie haben keine Geschichte, sie sind genaugenommen immer nur gegenwärtig da. Sie selbst haben keine Erinnerung daran, wie und was einmal war. Die Sterne selbst wissen nichts von einem Urknall. Wir sprechen zwar von einer Naturgeschichte, wir sagen: Ein Baum oder ein Gebirge ist so und so alt – aber weder weiß ein Baum noch ein Gebirge, was »alt« überhaupt ist, noch haben sie Erinnerung an ihre oder irgendwelche Vergangenheit. Sie sind einfach so, wie sie gerade sind, gegenwärtig da. Sie haben keine Zeit. Ihr Sichbewegen, ihr Leben (dessen Eigenart ja gar nicht bestritten werden soll!) wird in ihnen selbst nicht zu Geschichte, in der Vergangenheit, Gegenwart und Zukunft auseinanderstehen. »Ihre Geschichte« macht zu einer solchen erst der selbst zeitlich-geschichtlich ek-sistierende Mensch, seine Seele. Sie ist es, die um ihre Vergangenheit weiß, ihre Gegenwart wahrnimmt und sich ihre Zukunft vorstellt. Sie ist es, die ihnen »ihre Zeit« und »ihre Geschichte« zuspricht, die sie selbst gar nicht als solche kennen.

Erinnerung, Geschichte und Geschichten hat nur der Mensch – wenigstens soweit wir wirklich sehen und hören können. Es ist sein Wesen, seine Eigenart, geschichtlich zu existieren, jedenfalls so existieren zu können. Über das *innere Wie* dieses geschichtlichen Existierens, sozusagen die dynamisch-produktive Struktur des Seelenlebens, könnte noch weiter nachgedacht werden. Doch hier kommt es nur auf das Ergebnis an, daß mit ihrer Erinnerung als solcher die Seele des Menschen den anderen Dingen in der Welt überlegen ist: In ihr bleibt – natürlich auf ihre, sogenannte geistige, richtiger: geist-seelische Weise – aufbewahrt, was in der Wirklichkeit der Welt nicht mehr wirklich ist, eben vergangen ist. Gemessen an und verglichen mit dem ständigen Werden und Vergehen, Kommen und Gehen der anderen Dinge und Phänomene in der Welt hat sie sozusagen die Eigenschaft und Eigenart, *relativ bleibender* zu sein.

Relativ bleibender! Relativ schon insofern, als ihre Erinnerung stets Erinnerung an oder von etwas Diesseitigem, Endlichem ist; seien es kleine oder große Dinge, gute oder böse Erfahrungen, wichtige oder unwichtige Geschichten oder »die Geschichte«. *Relativ* bleibender weiter insofern, als sie selbst mit ihren Erinnerungen und ihrem Sicherinnern in Bezug zu ihrer eigenen, endlichen, begrenzten Gegenwart steht. *Relativ* bleibender schließlich insofern, als sie selbst und damit ihre Erinnerungen (wenn sie nicht anderswo, schriftlich oder mündlich oder sonstwie erhalten sind) *in* der

Welt auch nicht ewig bleiben, mit dem Tod des Menschen in der Welt vergangen sind.

Der Glaube an ewiges Leben meint traditionellerweise ein Weiterexistieren der Seele des Menschen im sogenannten Jenseits. (Daß auch der Leichnam des Verstorbenen *im* Jenseits sei, wäre eine seltsame Annahme.) Dieser Glaube widerspricht der Behauptung, mit dem Tode sei alles aus. Zu deren Begründung wird oft angeführt: Auch das, was traditionellerweise »Seele« und gar »unsterbliche Seele« des Menschen heißt, ist eine durch und durch endliche, vergängliche geschichtliche Wirklichkeit, ebenso kommend und gehend, entstehend und vergehend wie alle Dinge, Phänomene und Gestalten in der Welt. Sieht man aber genauer zu, so ist die Sache mit der Seele doch nicht so einfach wie überall sonst. Unsterblichkeit, eine (jetzt schon) unsterbliche Seele ist selbstverständlich nicht zu sehen. Wohl aber zeigt sich hinsichtlich des Bleibens: In der Seele, nämlich als Erinnerung, bleibt mehr als in der sonstigen Welt. Sie ist im Diesseits gleichsam das bleibende Gedächtnis, das in der Welt das bloße Kommen und Gehen, Entstehen und Vergehen aufhebt und für sich bewahrt. Das aber ist doch wohl ein sehr seltsames, eigenartiges Phänomen.

In der Seele reflektiert sich die Welt des Menschen und damit entsteht ein eigenes Bild der Welt, ein Weltbild, eine »zweite Welt« in der Welt: relativ dauernder, bleibender als die »erste Welt«. Das Entstehen dieser »zweiten Welt« ist kein bloßes Machen, kein nur aktives, reines Produzieren, kein Entwerfen und Schaffen der Seele nur aus sich selbst. Es ist ein dialektischer Prozeß, aktiv und passiv zugleich, subjektiv und objektiv ineins, eben ein lebendiges Mit-ein-ander-Werden. Der Mensch er-lebt, er-fährt seine jeweilige geschichtliche Welt, und so ist »Seele« das jeweils bis zur Gegenwart gewordene Ganze dieser Erfahrungen. Die Seele ist, bildlich gesprochen, wie ein Innenraum des Menschen, der sich bildet und erfüllt im Laufe seiner gelebten und erlebten Zeit. Ihre einzelnen ihr bewußt *als* Erinnerung an Vergangenes gegenwärtigen und erzählten Geschichten bilden darin gleichsam nur die äußere Schicht, die dann auch den anderen, sprachlich verobjektiviert und erzählt, vermittelt werden kann.

Auch darüber kann nochmals reflektiert werden, und dieses reflektierende Nachdenken kann wiederum sprachlich artikuliert werden. Und auch darüber, also über das reflektierende Nachdenken kann wieder nachgedacht werden usw. Das ist gleichsam die dünnste und äußerste Schicht im Innenraum der Seele, wo sie selbst immer durchsichtiger, immer geistiger, immer abstrakter, aber so sich auch immer fremder wird. Wo sie selbst in sich immer objektivistischer wird – aber gerade ohne sich so als ganze vor sich bringen zu können, sich selbst vor-stellen zu können. Dazu müßte sie nämlich aus sich selbst heraustreten, den Raum ihres eigenen Seins und Lebens verlassen: wie Münchhausen sich am eigenen Zopf aus dem Sumpf, in dem er steckt, herausziehen.

Ein solcher Zopf ist auch nicht das Sprechen-über sich selbst mit anderen! Denn dieses Sprechen über das eigene Innere ist schon nicht mehr das Innere selbst, sondern nur dessen äußerlich bleibende Vor-stellung in der Sprache. Sprache ist aber ebensowenig einfach identisch mit der Seele, wie der Schmerzens- oder der Freudenschrei einfach identisch ist mit der Erfahrung des Schmerzes oder der Freude.

Im Laufe ihres Lebens wird die Seele des Menschen also gleichsam ein Bild ihrer Welt, in der, mit der, von der und durch die der Mensch lebt. Ein Bild, eine Gestalt, in die diese Welt ihre Spuren eingräbt, tiefere, oberflächlichere; manche von ihnen werden leibhaftig sichtbar, wenn anders die Seele, von ihrer Welt geprägt, sich auch ausdrückt in ihrem Leib, im Antlitz des Menschen, in der Art seines Schauens, seines Sprechens, seiner Haltung, seiner Gebärden. Von dieser leibhaftigen Seele, die alles Vergangene, welches sie er-lebt hat, in sich enthält und bewahrt, ist der Glaubende überzeugt, daß mit ihr im Tode nicht alles aus ist, daß sie weiterlebt. Diese Überzeugung ist aber nicht schlechthin blind und irrational. Denn der Glaubende weiß, hört und sieht ja, wie mit dem Anderen und seiner Seele schon im Diesseits mehr wird, als nur leiblich-materiell vorhanden ist. Gewiß »nur« subjektiv-menschlich. Aber um den Menschen geht es ihm ja. Dessen »alles aus« wäre purer Verlust.

Das Anliegen dieses Kapitels war ein doppeltes. Zum

einen ging es darum, Vorsicht walten zu lassen im Gebrauch des Begriffs einer »unsterblichen Seele«. Wird dem »Mit dem Tode ist alles aus!« nur entgegengehalten: »Der Mensch hat aber doch eine unsterbliche Seele!«, so ist das zwar nicht falsch. Aber es ist so nur erst eine schlichte Gegenbehauptung. Sie ist nur eine verkürzende, sprachlich objektivierende Wiederholung des Glaubenssatzes »Ich glaube an ewiges Leben.« Sie ist noch kein wirkliches Eingehen auf die Aufforderung, die in dem Satz »Mit dem Tode ist alles aus!« liegt, diesen Glauben auch zu verantworten, Gründe für ihn anzuführen, ihn näher zu konkretisieren. Darum ging es zum anderen. Nicht um diesen Glauben im ganzen zu beweisen! Dazu müßte ja die Seele in ihrer schon verwirklichten Unsterblichkeit sichtbar werden. Wir müßten sie sehen im Zustand ihrer Vollendung. Nur darum konnte es gehen: zu zeigen, daß es nicht nur das sogenannte materielle Sein der Welt in seinen jeweiligen ständig sich verändernden Konstellationen, Formen und Gestalten gibt. Es gibt darüber hinaus – aber sehr wohl *in* der Welt; und offenbar nur im Menschen – die Wirklichkeit der Erinnerung, des Erinnerns, des Gedenkens, des bewußten Wissens *um Vergangenes als solches.* Das Phänomen Erinnerung besagt aber, daß der Mensch nicht nur äußerlich Geschichten erlebt hat, sondern daß sie im Erleben zu seiner eigenen geist-seelischen geschichtlichen Gestalt geworden sind. Mit dieser inneren, geschichtlichen Gestalt des Menschen, traditionell »Seele« genannt, wird das sonstige Kommen und Gehen, Entstehen und Wiedervergehen der Gestalten und Geschehnisse in der Welt aufgehoben im dreifachen Sinne des Wortes »aufheben«. Sie hebt es auf, indem sie es wahrnimmt und in sich *aufbewahrt.* Sie hebt es auf im Sinne des *Hinaufhebens* auf eine neue, höhere Ebene, nämlich in die Dimension ihres eigenen, ohne sie nicht vorhandenen, geistigen »Bild«-seins des Weltgeschehens. Sie hebt es auf in dem dritten Sinne des Wortes »aufheben«, insofern sie damit das Gesetz der Welt *negiert* und ihm widerspricht, schon in der Welt gebe es, vom Materiellen abgesehen, nichts wirklich Bleibendes, nichts Bleibenderes.

Auf diese »eigenartige« Überlegenheit der Seele, des menschlichen Inneren kann der Glaubende hinweisen und sagen: Schon in der Welt, nämlich im Menschen, ist (bildlich gesprochen) ein Raum – der der (mehr oder weniger bewußten) Erinnerung an Vergangenes *als* Vergangenes –, in dem das objektive Vergehen, das Sich-wieder-Auflösen der Weltgestalten, kurz: ihr objektives Sterben irgendwie überwunden werden kann, indem der Mensch, seine Seele ihnen nämlich eine neue, eigene Gestalt gibt. Das ist selbstverständlich subjektiv, es geschieht im Menschen, in seinem Inneren, in seiner Seele. Aber dieses Subjektive ist nicht *reine* Subjektivität. Seele ist ohne die äußere Welt, ohne das Objektive nicht denkbar. Und sie ist eben in der Welt ein selbst objektives Phänomen von zumindest zeitweiliger, innerweltlicher Überwindung des Naturgesetzes der Vergänglichkeit. Im Menschen bleibt sogar gestorbene Vergangenheit lebendig. Damit erweist sich seine Seele jedenfalls als lebendiger und sozusagen bleibender als alles andere in der Welt, das nur jeweils gegenwärtig da ist.

Daß die menschliche »Seele« im Tode nicht untergeht, sondern ewig lebt, bleibt selbstverständlich Glaubenssache. Und es ist für den Glauben ebenfalls selbstverständlich, daß dieses »ewige Leben« nicht »Werk« des Menschen sein kann, sondern: Werk »des Gottes« ist; daß, kurz gesagt, ewiges Leben Gnade ist. Im Hinblick auf den Streit zwischen protestantischer und katholischer Theologie einerseits und den Durchschnittsglauben des Volkes andererseits wird man wohl sagen dürfen: Kein Glaubender meint doch wohl ernsthaft, »der Himmel«, »ewiges Leben«, »Rechtfertigung«, »Heil« usf., das sei sein eigenes »Werk«, das könne er als sein eigenes »Verdienst« streng beanspruchen. Streit kann es eigentlich nicht über diesen Glauben geben, sondern »nur« darüber, was Kirchenpolitik und ihr allzu dienstbare Theologie »aus diesem Glauben gemacht« haben – und leider immer noch allzuoft machen.

3.4 Exkurs: »Seele«, ein Problembegriff theologischer Systematik?

Es ging bislang nur darum, gewissermaßen einen diesseitigen, phänomenalen Stütz- und Anhaltspunkt dafür aufzuzeigen, daß der Glaube an ein ewiges Leben, an ein Bleiben des Menschen über den Tod hinaus, auch empirisch gesehen nicht völlig gegenstandslos und *nur* willkürlich aus der Luft gegriffen ist. Besagt aber »ewiges Leben« für den christlichen Glauben nicht mehr als Bleiben, Weiterleben nur der menschlichen »Seele«? Natürlich geht es dem Glauben um mehr, um Himmel, Vollendung, Seligkeit usw. Doch das war jetzt noch nicht das Thema. Dennoch: Ist es nicht eine Verkürzung zumindest des christlichen Glaubens, wenn es am Ende *nur* um die Seele geht? Und weiter: *Wie* soll »die Seele« denn weiterexistieren, wenn »die Seele« im Diesseits doch gerade nicht rein als sie selbst existiert?

Zum ersten: »Nur« die Seele? Dazu wäre zu sagen: Ja, aber gerade die Seele! Sie in ihrer Individualität und jeweiligen Geschichtlichkeit, so wie sie eben im Laufe ihrer Lebenszeit in der Welt leibhaftig existiert.

Zum zweiten: *Wie* soll das gehen? Hier sehen viele Theologen ein Problem – das m. E. in Wirklichkeit gar keines ist. Sie setzen zunächst einmal voraus und gehen davon aus, daß der Glaube an ewiges Leben wahr ist. Sie bestreiten auch nicht, daß es Anhaltspunkte im Diesseits gibt, auf die, wie wir es getan haben, der Glaube verweisen kann. Dann aber sagen sie: Wenn nun – wie es ja weithin und auch im traditionellen Christentum der Fall ist – der Glaube mit dem Stichwort »ewiges Leben« *nur* das Bleiben und ewige Leben der geistigen Seele des Menschen meint, dann sei das problematisch. Denn »die Seele« nur als solche gibt es im Diesseits doch gar nicht. »Die Seele« ist nicht etwas selbständig Existierendes, sondern sie ist immer nur *Leib*seele, »forma *corporis*«. Es ist ihr eigenstes Wesen, einen materiellen Leib zu beseelen. Außerhalb ihres Leibes zu sein, das ist etwas geradezu Unnatürliches. Also muß auch ihr ewiges Leben so gedacht werden, daß sie einen Leib hat. Außerdem werde die

Seele doch erst durch ihre Wesensverbindung mit dem materiellen Leib eine individuelle, einzelne, persönliche Seele.

1. Letzteres ist nun sicher falsch. Es wird einfach *numerische* Individuierung identifiziert mit *persönlicher* Individualität. Allein um diese persönliche Individualität geht es aber beim Glauben an ewiges Leben, und um sie hat es auch der Theologie zu gehen. (Und nicht darum, die aristotelische Begriffsschematik von Form und Materie zum Maßstab zu machen!) Individuum ist der Mensch aber gerade nicht als Leibwesen (das zwar auch), sondern doch primär als »Seele«. Wer dies bestreitet, behauptet praktisch, der Mensch sei nicht mehr Individuum, als eben irgendein Tier oder auch ein Stein, die rein numerisch gesehen eben auch »Individuen« sind. Schon im Diesseits erweist sich, wie oben ausgeführt, der Mensch als geistseelisches Wesen dem Materiell-Leiblichen (auch seinem eigenem Leib!) als überlegen, als anderer, eigener Art. Was nicht aus-, sondern einschließt, daß das Geistseelische durchaus auch unter dem Einfluß des Leiblichen steht. Geistseelisch heißt ja nicht pure Aktivität! Seele ist eben nicht »*reine* forma«. (S. o. 3.2.4) Das ist schon wieder ein hypostasierter abstrakter Begriff. Von ihm gehen aber jene Theologen aus und sagen: Wie soll denn eine leibfreie Seele, die dann eben »pure forma« wäre, nun weiterexistieren? Dem, der an ewiges Leben, also an ein Weiterexistieren der Seele glaubt, geht es aber gar nicht um eine reine »forma«. (»Forma« ist in der Tat kein Seiendes, sondern ein »Prinzip«.) Ihm geht es um die individuelle Seele des Menschen, so wie sie im Laufe seines irdischen Lebens entstanden, geworden, gewachsen und auch gestorben ist. Von ihr, somit von dem individuellen Menschen, glaubt er, daß sie weiterexistiert; selbstverständlich durch Gott. Das, was weiterexistiert, ist für ihn identisch mit der Seele, die im Diesseits eben »forma corporis« war, also ihren Leib beseelte; aber auch da schon mehr als nur Leib, Körper, Materie war! Selbstverständlich existierte sie im Diesseits nicht frei von ihrem Leib und irgendwie über ihm schwebend. Wenn man aber vom Glauben an ewiges Leben ausgeht, so muß man eben sagen: Also ist die irdische Seele des Menschen so, daß sie nach dem Tode ohne ihren materiel-

len Leib weiterexistieren kann. Was ja nicht heißt: Also müsse sie auch im Diesseits schon leibfrei existieren können! Und auch nicht heißt: Also müsse sich dieses Weiterexistierenkönnen schon an ihr im Diesseits unbezweifelbar ablesen lassen! (S. o. 3.2.1)

2. Es ist daher auch völlig überflüssig anzunehmen, im Tode schaffe Gott für die Seele einen neuen pneumatischen, unsichtbaren, »geistigen«, aber eben doch materiellen Leib. Was das für ein Leib sein soll, bleibt unerfindlich, läßt allenfalls an ein hölzernes Eisen denken. Da werden einfach Worte aneinandergereiht, so daß nur noch ein weiteres »ignotum X« entsteht. Man mag sich dafür zwar auf Paulus (1 Kor 15,40–49; Phil 3,21) berufen, man mag auch ins Feld führen, nach christlich-biblischem Glauben werde der *ganze* Mensch ewig leben. Aber die spekulative Konstruktion eines neuen, anderen Leibes, den Gott für die verstorbene Seele schaffe, bleibt dennoch überflüssig. Wenn angenommen wird, daß die irdische Seele durch Gott weiterexistiert, dann ist eben auch gesagt, daß es die *ganze,* also leibhaftige, konkrete, individuelle Seele, also der Mensch mit seiner ganzen Geschichte ist, der weiterlebt. Dagegen zu sagen, das sei nicht »ganzheitlich«, ist modischer Unfug. Beim Wort genommen wäre dann »Ganzheitlichkeit« nur und erst dann gegeben, wenn der Verstorbene mit seinem bisherigen irdischen Leib wieder lebendig würde. Das ist aber evidenter Unsinn.

Es existiert aber auf jeden Fall die menschlichen Seele weiter. Das steht ja für den Glauben fest. Ebenso steht fest, daß dies der *ganze* Mensch ist. Dann fragt sich eben, was ein neuer »pneumatischer Leib« eigentlich soll. Wozu diese Annahme? Soll damit etwa erklärt werden, daß bzw. wie die Seelen im Himmel miteinander kommunizieren können? Als ob Kommunikation ohne irgendeine Leiblichkeit nicht möglich wäre! Aber das müßte dann erst einmal bewiesen werden. Schon im Diesseits ist Kommunikation doch nicht nur ein materiell-körperlich-leibliches Phänomen! Also werden sich die Seelen der Verstorbenen wohl auch im Jenseits miteinander unterhalten können, und zwar ohne dafür von Gott mit einem neuen »pneumatischen Leib« ausgestattet werden zu müssen.

Davon ganz abgesehen: Wenn man meint, mit einer solchen Konstruktion eines neuen, himmlisch-pneumatischen Leibes dem Theologoumenon oder Dogma auch *leiblicher* Auferweckung gerecht zu werden, so wäre zu sagen, daß genau dies so nicht geleistet wird. »Auch leibliche Auferweckung« steht ja dafür, daß dieser jetzige materielle Kosmos, in dem wir leben, zum Heil gehört. Wie das zu denken ist, wird uns im nächsten Kapitel beschäftigen. Aber ein *neuer*, himmlisch-pneumatischer Leib, den Gott für die Seele der Verstorbenen schafft, hätte ja mit diesem unserem materiellen Kosmos, zu dem auch der Leichnam des Verstorbenen gehört, nichts zu tun! Der berechtigten Forderung, auch das »Heil des materiellen irdischen Kosmos« theologisch zu denken, ist mit der Annahme, Gott schaffe im Jenseits neue, himmlisch-pneumatische Leiber, auf keinen Fall Genüge zu leisten. Eine solche Annahme ist sogar, wie wir sehen werden, ausgesprochen kontraproduktiv.

3. Schließlich zu dem üblichen Argument, ein leibfreies Existieren der Seele sei für sie geradezu unnatürlich, weil es eben ihr natürliches Wesen sei, einen, nämlich ihren Leib zu beseelen, ihn zu »informieren«. Und so sei es auch nur dank eines eigenen, übernatürlichen Aktes Gottes möglich, daß sie leibfrei existiere; jedenfalls nach traditioneller Vorstellung bis zum Jüngsten Tag, an dem sie wieder mit ihrem dann auferweckten und verklärten Leibe vereint werde. Geht man vom Glauben aus, *daß* die Seelen weiterexistieren, so erweist sich dieses Argument einfach als eine begriffliche petitio principii. Es behauptet, die irdische Seinsweise der Seele als forma corporis sei natürlich, die leibfreie, jenseitige Seinsweise sei *un*natürlich, entspreche nicht ihrem eigentlichen Wesen. Mit welchem Recht wird das eigentlich behauptet? Theologisch korrekt läßt sich nur dies sagen: Die irdische, leibgebundene Seinsweise der Seele ist natürlich, und die jenseitige leibfreie Seinsweise der Seele ist ebenfalls natürlich. (S. Lateranense V: DS 1440.) Das eine wie das andere ist doch von Gott gewollt, von ihm geschaffen. Das leibfreie Existieren der Seele im Jenseits mag man meinethalben (gnoseologisch) als *über*natürlich bezeichnen: *über*natürlich nämlich verglichen

mit dem, was wir jetzt empirisch als Seele bzw. von der Seele wahrnehmen. Doch das gilt ja ohnehin von ewigem Leben und Jenseits, daß das außerhalb unseres natürlichen, empirischen Erfahrungsbereichs liegt. So mag man auch sagen: Verglichen mit der Seinsweise der Seele im Diesseits erscheint ihr leibfreies Existieren als ein Wunder. Aber für Gott, und somit theologisch gedacht, ist es jedenfalls kein Wunder, denn dazu hat er die Seele des Menschen ja von vornherein geschaffen.

4. Eine petitio principii liegt also auch vor, wenn es heißt, dieses leibfreie Existieren der Seele sei für sie eigentlich *unnatürlich*, gegen ihr Wesen, sie sehne sich gar danach, wieder ihren eigenen Leib zu besitzen. Wer dies behauptet, der will damit einfach die traditionelle Vorstellung von auch leiblicher Auferstehung als notwendig erweisen, nämlich als notwendig vom »Wesen« der Seele her. Er weiß von dieser traditionellen Vorstellung und hält sie für richtig. Und deshalb behauptet er von der Seele, ihr leibfreies Existieren sei *gegen* ihr Wesen, es sei für sie *un*natürlich.

5. Von der leibfreien Existenz der Seele wird man aber sogleich anders denken, wenn man sieht, daß diese traditionelle Vorstellung von einer Wiedervereinigung der Seele mit einem Leib selbst problematisch und in dieser Form auch gar nicht nötig ist. (Nicht nötig, weil das, was mit »*leiblicher* Auferstehung« eigentlich theologisch abgedeckt werden soll, anders viel plausibler zu machen ist, als mit der Vorstellung einer »Wiederverleiblichung« der Seele.) Dann wird man wiederum einfach das konstatieren, wovon der Glaube überzeugt ist: Im Diesseits existiert die Seele als Seele ihres Leibes, sie ist dessen Lebensprinzip; im Jenseits existiert die Seele eben frei von aller leiblichen Gebundenheit. Den Glauben an ewiges Leben vorausgesetzt, gibt es da überhaupt kein Problem – wenn, wie gesagt, dem Anliegen, das hinter dem Thema »leibliche Auferstehung« steht, ganz anders als bisher Rechnung getragen wird. Dann entfällt nämlich der eigentliche Grund, weshalb das leibfreie Existieren der Seele in der Tat als ein noch defizitärer Zustand zu charakterisieren wäre. Dann

können wir, was die Seele betrifft, weiterhin gut platonisch denken, so wie es im übrigen die christliche Tradition bislang auch schon gehalten hat; sie freilich sozusagen nur vorläufig. Doch die Aufhebung dieses Vorbehaltes des »nur vorläufig«, nämlich des »bis zu einer Wiederverleiblichung der Seelen«, traditionell »Auferweckung« oder »Auferstehung« des Leibes genannt, soll Aufgabe des nun folgenden Kapitels sein. Ihre Lösung ist im Grunde sehr einfach. Indes erfordert gerade das Denken des ganz Einfachen eine besondere Konzentration unseres Geistes.

4. KAPITEL
Leibliche Auferstehung, oder:
Wo ist »das Jenseits«?
Was ist eigentlich »der Himmel«?

Für den Glauben an ewiges Leben der verstorbenen Seelen sind diese nicht »bloße« Seelen, sondern die je persönlichen Individuen, die sie auf Erden waren. Anders gedacht wären sie namenlose Gespenster. Nun spricht die christliche Tradition bekanntlich auch von einer eigenen *leiblichen* Auferstehung bzw. Auferweckung – obwohl die Seelen für sie selbstverständlich schon »im Himmel sind«.

Ganz einhellig ist diese Tradition freilich nicht. Es gab auch die Vorstellung von einem jetzigen Schlafen der Toten bis zum Zeitpunkt einer allgemeinen Auferstehung an einem Jüngsten Tag, am Ende der Welt. Diese Vorstellung wurde im Jahre 1336 endgültig lehramtlich verworfen. (Dogmatische Bulle »Benedictus Deus«: DS 1000) Doch die Vorstellung von einer leiblichen Auferstehung, gleich zu welcher Zeit, gehörte für die Christen immer dazu. Vorbild war die eben so gedachte Auferstehung und Himmelfahrt Jesu Christi.

Dabei war, wie wir im 2. Kapitel sahen, die Annahme eines *leiblichen* Auferstandenseins für die *damaligen* Apostel nur eine selbstverständliche Implikation ihres ersten Osterglaubens: Für sie war Jesus ja lebendig, um das messianische Reich Gottes auf Erden zu errichten! Ein dazu Auferwecktsein Jesu ohne seinen Leib wäre ihnen, zumal als Juden, schwerlich denkbar gewesen. Und so wurde das für sie Selbstverständliche auch weiterhin so vorgestellt: Jesus ist leiblich aus dem Grab hervorgegangen. Ja, das für die Apostel Selbstverständliche, aber nicht wirklich Durchdachte wurde weithin zum eigentlichen »proprium christianum«. Über die Schwierigkeiten, die sich bei einem genaueren Durchdenken dieser Vorstellung ergaben, setzte man sich einfach hinweg mit dem Argument, bei Gottes Allmacht sei nichts unmöglich.

Ernsthafter war die theologische Argumentation, die angesichts der gnostischen Abwertung der materiellen Welt darauf bestand, daß auch das Leibliche von Gott geschaffen und gut sei – *und ebenfalls* erlöst, gerettet werde.

Die Aporie bleibt freilich bestehen – sie liegt schon in 1 Kor 15 am Tage: Das Sichtbare soll auch auferstehen, und sei es am Weltende. Das heißt aber: Sichtbares, Empirisches soll *verwandelt* werden in Unsichtbares. Mit »Verwandlung« wird aber nur verbal kaschiert, daß alles Irdisch-Sichtbare als solches vernichtet wird, verschwindet, nicht mehr es selbst ist. Also ist das Neue, Auferweckte eben ein anderes, nicht das Alte. Gerettet, erlöst wäre die jetzige materielle Wirklichkeit also gerade nicht! An ihre Stelle tritt nur etwas anderes.

Die Aporie bleibt auch, wenn man sagt: Es vergeht nur das »Akzidentelle« des Kosmos, seine »Substanz« wird verwandelt. »Substanzverwandlung« impliziert nun einmal »Substanzvernichtung«. Sagt man hingegen, das »Akzidentelle«, das »Sichtbare« des Kosmos vergeht, es bleibt aber das »Substantielle« von ihm, so ist gar nichts wirklich Neues, »Verwandeltes« gegeben. Vielmehr wäre jetzt erst gründlicher darüber nachzudenken, was, theologisch gedacht, das »Substantielle« des Kosmos, der materiellen Wirklichkeit unseres Universums eigentlich sein soll, wenn anders »Substanz« i. S. v. »prima substantia« doch ein Reflexionsbegriff, kein einfacher »Sachbegriff« ist.

Immerhin bleibt das Argument von der Güte, Gottgeschaffenheit und Erlösungs*würdigkeit* auch des Kosmisch-Materiellen. Demgegenüber erscheint ein »ewiges Leben« *nur* der Seele wie eine Verdünnung und verflüchtigende Spiritualisierung des christlichen Glaubens, dem es doch um das Heil des *ganzen*, des *irdischen* Menschen aus Fleisch und Blut geht. Somit auch um das Heil der materiellen Natur, eben des Kosmos, ohne den der Mensch – auch seine »Seele« – nun einmal nicht der Mensch wäre, der er ist. (S. schon Röm 8,20–23.)

Nun kann der Vorwurf der Spiritualisierung und Verdünnung des Glaubens sicher zu recht erhoben werden gegenüber einer Sicht, nach der es ein ewiges Leben der *individuellen*, *leibhaftigen* Seele nicht gibt. (Aber das wäre noch weniger als »Spiritualisierung«.) Nicht aber gegenüber jener Sicht, nach der die »Seele« die ganz individuelle und leibhaftige Wirklichkeit des Menschen sein soll, die eben in der Welt lebte. Sonst müßte derselbe Vorwurf der Spiritualisierung und Verdünnung auch an die traditionelle christliche Sicht gerichtet werden, nach der ja auch nur erst die Seelen der Verstorbenen im Himmel sind. Somit bleibt von Gewicht eigentlich nur das sogenannte antignostische Interesse: Auch die kosmisch-materielle Wirklichkeit müsse als Gegenstand des göttlichen Heils- und Erlösungswirken gedacht werden, weil sie seine, Gottes gute Schöpfung ist.

Daß sich dieses theologisch legitime Interesse mit der Vorstellung von einer individualleiblichen Auferweckung engstens verbunden hat, das dürfte unstrittig sein. Unstrittig ist aber auch, daß es damit in unlösbare Aporien und Antinomien geraten ist. Soll es aber nicht dabei bleiben und anstelle eines Verantwortens dieses Glaubensinteresses weiterhin nur ein notdürftiges »Gott wird es schon richten« stehen, dann muß eine neue, plausiblere Sicht der Dinge versucht werden. Eine Sicht, die sowohl das »Heil« des materiellen Kosmos, zu dem ja unser Leib ohne Frage gehört, erklärt, als auch damit die Vorstellung von einer zukünftigen individualleiblichen Auferweckung bzw. Auferstehung und Verwandlung des Leibes und des ganzen Kosmos überwindet und überflüssig macht.

4.1 Die unerledigte Hausaufgabe

Ich erinnere zunächst noch einmal an die Problemstellung und an die Voraussetzungen, die zu ihrer Lösung gegeben sind. Das »Problem« ist das »Schicksal« der materiellen Wirklichkeit, des Kosmos, der Natur, zu der auch der menschliche Leichnam gehört: Soll das nur übrigbleibender Abfall sein, der mit dem Himmel, dem ewigen Leben, dem Heil nichts mehr zu tun hat, den der Glaube sich selbst überlassen kann, mit dem er nichts zu tun hat?

Man könnte ja, so scheint es wenigstens, sagen: Dem Glauben an ewiges Leben geht es um den Menschen, um seine Seele. »Seele«, damit ist aber schon, wie im vorigen Kapitel ausgeführt, auch die kosmisch-materielle und individuell-leibliche Wirklichkeit mitgemeint, insofern ja jede Seele selbst »Erinnerung« an ihre materiell-leiblich-körperliche Umwelt *ist* und an sich *hat*. So daß mit und in ihr auch die von ihr in der Welt erlebte und erfahrene Weltwirklichkeit ewig bleibt. Sie soll ja als leibhaftige Seele ewig leben, so will es der Glaube. Also ist in ihr selbst und mit ihr auch ihre diesseitige je individuelle Lebenswelt schon verewigt, schon »auferstanden«. Eine dem ersten Anschein nach elegante Lösung. Doch ihre Eleganz verblasst sehr schnell, wenn man genauer nachdenkt. Dann bleibt nur Verlegenheit.

Man hat nämlich mit Recht dagegen gehalten: Wenn dies alles ist, dann ist der christliche Glaube eben tatsächlich »spiritualistisch« halbiert und verdünnt. Dann ist er *nur* noch Platonismus. Denn diese Konzeption dreht sich im Ergebnis nur noch um die, zugegebenermaßen *leib*haftige, *Seele* des Menschen. Der Glaube der Kirche spricht aber nicht nur vom »ewigen Leben« der Seele, sondern er spricht eigens von »Auferstehung«. Und es kann kein vernünftiger Zweifel daran bestehen, daß mit dem Wort »Auferstehung« oder auch »Auferweckung« das Materiell-Leibliche als solches gemeint ist; die objektive materielle Körperwirklichkeit; damit letztendlich der materielle Kosmos, die Natur im ganzen. Und deren Wirklichkeit ist nun einmal etwas anderes, als die der menschlichen Seele, sei es der einzelnen Seele, sei es aller menschlichen Seelen. Alle Überlegungen über das *leib*haftige Wesen der Seelen und ihr »ewiges Leben« mögen richtig sein, aber kein normaler Glaubender wird das als »Auferstehung« oder »Auferweckung« bezeichnen. Jeder halbwegs informierte Glaubende weiß, daß mit »Auferstehung« die »Auferstehung« der Leiber, der Leichname gemeint war. Mag das noch so problematisch sein, er wird sich wundern, wenn er hört: Weil die »leibhaftige« Seele lebt und im Himmel, bei Gott ist, sei auch ihr Leib, der Körper schon als »auferstanden«/»auferweckt« zu glauben. Er wird mit Recht sagen: Wenn das so ist, wie es der Herr Theologe sagt, dann war das, was ich als Glaubensbekenntnis gehört und für wahr gehalten habe, also doch nur zur Hälfte wahr! Bisher habe ich so geglaubt: ewiges Leben *und* Auferstehung der Toten. Das eine, daß nämlich die Seele des Verstorbenen jetzt im Jenseits, im Himmel ist, war mir eigentlich immer schon selbstverständlich. Das andere, leibliche Auferstehung, kann ich mir zwar nicht vorstellen, doch das ist auch jetzt wohl nicht so wichtig. Neuestens werde ich aber belehrt, daß es dieses »und« gar nicht gibt, weil das »Auferstehung der Toten« in dem »ewigen Leben« der »Seele« schon enthalten ist. Daß wir an eine wirkliche »Auferstehung« dieser Leichname also gar nicht mehr denken müssen. Dann kann man das doch auch im Glaubensbekenntnis streichen, und damit ist man den ganzen Ärger los, der sich schon immer ergeben hat, wenn »die anderen« hier den Finger darauf legten und höhnisch sagten: Wie soll das eigentlich gehen, wenn z. B. die Fische einen Leichnam aufgefressen haben, diese Fische dann selbst wieder aufgefressen wurden usw., und wir Lebenden die eigenen Vorfahren vielleicht, ohne es zu wissen, in Form von Fischstäbchen verspeist haben. Da ist es eben viel einfacher und überzeugender, nur die eine Hälfte zu nehmen und zu glauben: das ewige Leben der Seele. Und daß jeder Glaubende damit das ewige Leben einer ganz individuellen, persönlichen, »leibhaftigen« Seele meint, nämlich die Seele *dieses* Verstorbenen, ist ohnehin keine Frage; für etwas anderes braucht es keinen Glauben.

Deshalb sagt denn auch der Vertreter der Tradition (mit Recht): So einfach geht das nicht, daß man das Wort »Auferstehung der Toten« entweder einfach streicht oder so »interpretiert«, daß es nur dasselbe bedeuten soll wie »ewiges Leben der menschlichen Seelen«. Das wäre genau die Reduzierung des christlichen Glaubens auf *bloßen* Platonismus, der mit der materiellen kosmischen Wirklichkeit nichts anzufangen weiß. Das wäre genau die gnostische Spiritualisierung des Glaubens, für die das Kosmisch-Materielle als solches nur ein Rest, nur Abfall bleibt. Für die das Kosmisch-Materielle nur insoweit von Bedeutung ist, als es für die Seele des Menschen von »zeitweiliger« Bedeutung war. Nein, das ist zu einfach!

Er könnte aber auch weiter fortfahren: Zugegeben, die Sache mit der Auferstehung der Toten, sagen wir ruhig: der

Leichname, ist ohne Frage ein Problem. Und es ist weder eine befriedigende Antwort, das einfach Gott zu überlassen, noch ist es eine wirkliche Lösung, sondern nur eine Verschiebung des Problems, wenn man das einfach auf einen sogenannten »Jüngsten Tag« verlagert, auf so etwas wie ein allgemeines, universales Weltende. Außerdem ist das Problem ja auch jetzt schon da: Für den christlichen Glauben ist die leibliche Auferstehung *Jesu* ja wirklich. *Sie* läßt sich nicht auf einen »Jüngsten Tag«, auf ein Weltende verschieben. An diesem Punkte zeigt sich, daß eure nur platonische, spiritualisierende Konzeption allenfalls nur erst die halbe Wahrheit des christlichen Glaubens sein kann. Ehrlicherweise müßtet ihr sagen: Von einer wirklich individual*leiblich-körperlichen* (und bitte hier nicht herumreden!) Auferstehung Jesu kann nicht die Rede sein. Auferweckt ist »nur« die Seele Jesu, und das ist der »leibhaftige«, irdische, geschichtliche Jesus von Nazareth. So müßtet ihr es sagen, und das wäre gut platonisch. Aber ihr wißt, daß »platonisch« auch eine Art Schimpfwort ist – weil gerade das »Leiblich-Materielle« in der platonischen Sicht keinen endgültig positiven Stellenwert hat. Ebensowenig bei euch. Und so scheut ihr euch verständlicherweise, euch offen mit Platon zu solidarisieren.

Und doch könnte euer »*Seelen*platonismus« christlich akzeptabel sein, wenn ihr auch mit dem Materiell-Leiblichen, kurz: dem Kosmos etwas anzufangen wüßtet. Wenn ihr sagen und plausibel machen könntet, wieso diese jetzige empirische, materielle Wirklichkeit einschließlich des Leichnams Jesu nicht nur Restabfall ist, den jede Seele hinter sich läßt wie eine ausgebrannte Raketenstufe, die ins Meer fällt und vergessen werden kann. Dann könntet ihr euch sogar mit Recht und mit gutem Gewissen als »Platoniker«, nämlich als durchaus christliche Platoniker bekennen.

In diesem Sinne denkt ja auch die Tradition der Kirche platonisch; jedenfalls vorläufig hinsichtlich der verstorbenen Gläubigen. Und daß die Sache der leiblichen Auferweckung Jesu (und für den Katholiken: seiner Mutter, die mit Leib *und* Seele in den Himmel aufgenommen ist) wirklich eine Ausnahme bleiben müsse, wie man es sich gewöhnlich so denkt, das ist jedenfalls niemals »dogmatisch definiert« worden!

Sich guten Gewissens zu einer platonischen Trennung von Seele und Leib bekennen – was ja wohl nur realistisch ist angesichts des Leichnams des Verstorbenen – und diese Trennung auch als endgültig, als »in der Ewigkeit«, »im Jenseits« bleibend behaupten, das könnt ihr also erst dann, wenn ihr schon *für jetzt* (!) etwas Plausibles vorbringen könnt, das dem Interesse, das hinter dem Stichwort »leibliche Auferstehung« steht, wirklich entspricht und ihm Genüge leistet. Und zwar, wohlgemerkt, ohne daß ihr das wieder – wie es unsere Tradition tat – nur schamhaft auf ein fernes, zukünftiges, für uns alle nur nebulös bleibendes »Weltende« verschiebt!

Mit anderen Worten: Wenn ihr also schon meint, auch als christlich Glaubende platonisch denken zu können, dann habt ihr eure Hausaufgabe noch nicht ganz gemacht. Ihr habt euch nur den ersten, leichteren Teil, der »die Seele« betrifft, vorgenommen. Und was ihr dazu sagt, das ist eigentlich nichts Neues, das ist für den Durchschnittsgläubigen ohnehin selbstverständlich. Dieses Rad braucht nun wirklich nicht neu erfunden zu werden! Wo aber bleibt das zweite Rad? Mit nur einem Rad kommt man nicht weit!

4.2 Zur Undurchsichtigkeit des materiellen Universums

Von der Seele des Verstorbenen kann der Glaubende relativ leicht sagen, daß sie »im Himmel« ist. Vom Leib, vom Leichnam des Verstorbenen zu sagen, daß er schon »im Himmel« = »auferstanden« sei, das wäre evidenter Unsinn. So bleibt die Frage: Was ist, was wird mit dem Leib, der Materie, dem Kosmos, dem Universum? Mit all dem also, das doch weiterhin unser Diesseits bildet?

Wie es uns nun beim Thema »ewiges Leben der Seele« auch und in erster Hinsicht darum ging zu sehen, was mit »Seele« eigentlich gemeint ist und was an ihr denn jetzt schon so besonderes ist, daß man zudem glauben kann, sie könne das irdische Werden und Vergehen überleben, so soll es uns auch in diesem Kapitel wieder zunächst einmal um ganz

Diesseitiges, Empirisches gehen. Verantwortliches Nachdenken des Glaubenden über das »Schicksal des Kosmos« und damit auch über die menschlichen Leiber bzw. ehemaligen Leiber, das kann ja ebensowenig ein Schauen in das Jenseits des Himmels sein, wie wir die Seelen schon in ihrem unsterblichen, ewigen Leben, also ihre Unsterblichkeit sehen. Hier wie dort geht es zunächst um Empirisches, Wahrnehmbares, von dem der Glaube *zudem auch* noch *über*zeugt ist, daß *es* »jenseitig bleibe«. Hier wie dort geht es dem Glauben ja um das »Jenseits des *Diesseits*«. Also muß auch hier erst einmal das Diesseits, die empirische Wirklichkeit des materiellen Kosmos, unseres Universums ins Auge gefaßt werden, soll nicht der Glaube an »leibliche Auferweckung« sozusagen nur im luftleeren Raum über den Dingen schweben.

Hinsichtlich der Seele konnte der nachdenkende und sich im Diesseits verantwortende Glaubende immerhin sagen: »Seele«, das ist schon jetzt ein innerhalb des ganzen Universums außerordentliches Phänomen, schon hier allem anderen überlegen. Das ist nicht nur so, weil ich an ihr ewiges Leben glaube, sondern das ist auch schon »ganz objektiv«, ganz empirisch gesehen so. Selbst wenn man sagt, die Welt ist eben als ganze und immer ein Rätsel oder Wunder, so ist die »Seele« in diesem rätselhaften oder wunderbaren Ganzen doch noch ein eigenes, besonderes Wunder oder Rätsel. Und die Annahme des Glaubens, sie bleibe auch nach dem Tode des Menschen, kann sich immerhin darauf berufen, daß schon jetzt, im Diesseits die menschliche Seele von seltsam »memorialer Eigenart« ist; daß sie somit, auch schon nur empirisch gesehen, etwas sehr Erstaunliches ist.

Wendet sich derselbe Glaube nun der Wirklichkeit des materiell Kosmischen zu, so ist zu fragen, was denn an der materiellen Wirklichkeit unseres Universums so eigenartig sei; auf welches empirische Phänomen der Glaube hier hinweisen kann – um dann zu sagen: Dieser Sachverhalt sieht für den Glaubenden auch noch anders aus. Ja, *er* ist der empirische Sachverhalt, *in dem* auch schon das enthalten ist, was traditionellerweise unter dem Titel »leibliche Auferwekkung« daherkommt. Jedenfalls für den Glaubenden, der nicht nur einfach »leibliche Auferweckung« sagt, sondern sich auch Gedanken darüber macht, was damit eigentlich gemeint sein kann bzw. was nicht.

Als dieses empirische Faktum betrachten wir, *erstens*, nicht die bloße Tatsache des Daseins, des überhaupt Existierens des Universums. Sie wird zwar gerne als *das* erstaunliche Wunder und unbegreifliche Rätsel bezeichnet, doch bleibt es fraglich, ob dies so einfach zutrifft. Das bloße Dasein unseres Universums ist doch wohl zunächst – auch für den Glaubenden! – ein schlichtes Faktum, über das sich niemand wirklich wundert, das jeder als selbstverständlich hinnimmt. Wäre es wirklich ein rätselhaft und seltsam erscheinendes Wunder, etwas Außerordentliches, das Staunen provozierte und nach Erklärung verlangte, so müßten sich eigentlich alle ständig darüber wundern. Was aber offensichtlich nicht der Fall ist. Ein Wunder und somit ein Problem macht aus dieser sozusagen »selbstverständlichsten Sache der Welt« erst die philosophisch-theologische Reflexion. Sie überträgt die Tatsache, daß der Mensch sich über vieles wundern *kann*, auf das Dasein des Universums, der Welt überhaupt. Sie problematisiert es – ohne indes eine *einsichtige* Lösung dieses Problems geben zu können. (Weder enthält die Behauptung, die Welt könnte auch nicht sein, etwas wirklich Einsichtiges über das Faktum ihres Existierens hinaus. Noch ist die Behauptung, die Welt existiere *notwendigerweise,*mehr als eine sinnlose Willkürlichkeit.)

Damit soll nicht gesagt sein, also müsse das Existieren des Universums als solches zu begreifen, zu erklären sein. Keineswegs! Nur: Es zu begreifen, das würde voraussetzen, irgendwie jenseits und über dem zu Begreifenden stehen. Auf einem Standpunkt jenseits des Universums. Damit wäre aber der Raum des Innerweltlichen, des Empirischen und Phänomenalen verlassen. Um Phänomenales soll es aber doch beim Verantworten des Glaubens gehen. Um Empirisches, Innerweltliches. Also nicht um das bloße Dasein, das Existieren des materiellen Universums als solches, sondern um ein erfahrbares Sosein, sein »Wesen«. Läßt sich daran etwas Seltsames, Merkwürdiges und Eigenartiges feststellen?

Zwar bietet es sich, *zweitens*, an, dazu das Phänomen wunderbarer Ordnung, Gesetzmäßigkeit, Zweckmäßigkeit und Schönheit des Universums zu betrachten. Ist das nicht ein offensichtliches Wunder? Gewiß. Doch das ist nur das halbe Phänomen. Die andere Hälfte ist die des Zerstörerischen, Chaotischen, Zufälligen und Zweckwidrigen; des ständigen Vergehens und Untergehens aller Gestalten des Kosmos. So produktiv das Universum ist, es ist doch auch Chronos, der die von ihm selbst gezeugten Kinder sogleich wieder verschlingt. Ihm selbst sind seine Kinder offensichtlich sehr gleichgültig. So daß das wirklich Eigenartige zunächst einmal nur dies ist, daß Chronos sich nicht selbst vernichtet, sondern bleibt, um geradezu selbstlos dem Gesetz von ständigem Produzieren und Destruieren zu Diensten zu sein. Das aber läuft auf das schon genannte Faktum hinaus, daß das Universum eben existiert und bleibt; und daß das gar nicht anders denkbar ist, sondern von allen nur hingenommen werden kann. (Auch die Schöpfungstheologie ändert an diesem Daß des Daseins des Universums selbst nicht das Geringste! Das Daß macht sie nicht einsichtiger.) Nicht um das Sein, sondern um das »Wesen« des materiellen Universums als solchen geht es im folgenden.

Das empirische Phänomen, auf das der Glaubende im Zusammenhang unserer jetzigen Fragestellung hinweisen kann, ist die »eigen-artige« Fremdheit, die Andersartigkeit und bleibende Undurchsichtigkeit des Materiellen. Das Phänomen also der geradezu massiven Widerständigkeit und Eigensinnigkeit des Materiellen, der Materie gegenüber dem Menschen, gegenüber seinem geistigen Begreifenwollen und Begreifenkönnen. Auch gegenüber seinem eigenen leiblichen, körperlich-materiellen Greifen- und Verfügenwollen. (Aber um nicht zu ausführlich zu werden, betrachten wir nur die geistige, erkenntnismäßige Seite.) In allem Erkanntwerden, in allem Begriffen- oder richtiger: Beschriebenwerden bleibt der materielle Kosmos stets auch die unbekannte, unbegriffene, undurchschaute andere Wirklichkeit. Uns eigentlich noch unbekannter, fremder und unheimlicher als unser Geist, unsere Seele! Das Materielle ist in allem Offenliegen und Erkennbarsein für uns auch das Dunkle, das Andere; etwas pathetisch gesagt: das Mysteriöse.

Spätestens seit D. Hume (1711–1776) und I. Kant (1724–

1804) dürfte es auch für den halbwegs selbstkritischen Empiriker keine Frage sein, daß wir nie das Wesen, sozusagen das eigene Innere, die »eigentliche Substanz«, oder wie man auch immer sagen mag, der Dinge begreifen und durchschauen. Daß wir immer nur ihre Erscheinungen, einzelne Aspekte wahrnehmen. Daß alles Wirkliche sowohl physisch-empirische Erscheinung als auch »*meta*-physisches«, richtiger: »*meta*-empirisches« »Ding-an-sich« ist, wie Kant es formuliert. Das ist an sich ein trivialer Sachverhalt. Man kann ihn auch einfach hinnehmen und sagen: Es ist eben so, daß wir die Dinge, die materielle Außenwelt, das Universum eben nicht in seiner Ansichhaftigkeit, in sozusagen reiner Objektivität wahrnehmen und begreifen. Ja, etwas in seiner »wirklichen«, »reinen« Objektivität, in seinem Selbst zu begreifen, das ist genaugenommen in sich selbst widersprüchlich. Denn das hieße ja, daß in dieser Erkenntnis, in diesem Begreifen eines Objektes, die Differenz und das Gegenüber von Subjekt und Objekt, nämlich von Mensch/Geist einerseits und Kosmos/Materie anderseits *schlechthin* aufgehoben wäre. Daß Subjekt und Objekt *einfachhin* identisch wären. Kurz: Schlechthin objektive Erkenntnis, das ist nur ein abstrakter Grenzbegriff. (Heute könnte man dafür auch die Heisenbergsche Unschärferelation als Zeugen anführen.) Wirkliches Erkennen ist immer auch subjektiv. Und so bleibt das Erkannte stets auch das Nichterkannte, das Unbegriffene, das unerkannte Andere: »Ding-an-sich«. Erkennend macht sich der Mensch zwar ein »Bild« vom Kosmos, ein Modell des Universums. Aber es bleibt »nur« *sein* Bild, *sein* Weltmodell, *seine* Weltformel. Und mit ihnen sind immer nur Aspekte der objektiven Wirklichkeit wahrgenommen und begriffen. In aller Wahrheit des Begriffenen und Erkannten bleibt auch die Fremdheit und Andersheit des Begriffenen und Erkannten selbst.

Die bleibende Unbegreifbarkeit und Undurchschaubarkeit des Kosmos für den Menschen wäre also schon einfach damit gegeben und darin begründet, daß Mensch und Kosmos, Geist/Erkennen und Materie/Universum, nicht schlechthin identisch sind, sondern zwei Verschiedene sind und verschieden bleiben. (*Im* Geist wiederholt sich diese Polarität, insofern auch geistiges Erkennen und Begreifen *etwas*, also Anderes erkennt und begreift.) Und die Unbegreifbarkeit und Undurchschaubarkeit des Kosmos zu betonen, das hieße zunächst einmal nicht mehr, als diese Zweiheit, diese bleibende Nichtidentität von Subjekt/Mensch/Geist/Erkennen einerseits und Objekt/Kosmos/Materie/Erkanntem anderseits nüchtern anzuerkennen. Sie läßt sich weder aufheben noch hintergehen. Es ist eben so. Und das ist an sich auch kein wirkliches Problem, sondern nur erst ein Faktum.

Doch dieses »Es ist eben so« ist auch ein »*seltsames* Phänomen«. Und zwar »seltsam« nach beiden Seiten hin! Es sind ja *zwei* »Pole« im Spiel! Sowohl der Mensch als auch der Kosmos! Und damit hat das Unbegreiflichsein und Undurchschautbleiben ebenfalls mit *beiden* Seiten zu tun! Nicht nur mit dem Subjekt, dem Menschen, sondern auch mit dem Objekt, dem Kosmos-an-sich. Es wäre dieser phänomenale Sachverhalt sozusagen nur einseitig und zur Hälfte reflektiert, wenn wir ihn *nur* so verstünden und *nur* darin begründet sähen, daß es eben lediglich an einem *Erkenntnisdefizit* auf seiten des Subjektes liege, daß es die Wirklichkeit der Welt-ansich nicht erkennt. (Darauf konzentriert sich z. B. Kants *Erkenntnis*kritik, insofern es Kant vor allem um den *Menschen*, also um das *Subjekt* zu tun war.) Sein Nichtbegreifen und Nichtdurchschauen ist vielmehr wie gesagt auch ein objektives *zweiseitiges* Phänomen. Und so ist an seinem Nichtbegreifenkönnen des Kosmos gewissermaßen nicht nur das Subjekt selbst, sondern auch das Objekt, eben der Kosmos »schuld«. »Schuld« nämlich mit seiner Eigenart, mit seinem Wesen, das sich (bildlich gesprochen) geradezu weigert, sich dem menschlichen Geist und seinem Erkennen- und Begreifen- und Durchschauenwollen restlos preiszugeben und offenzulegen.

Indem der Mensch den Kosmos, die materielle Wirklichkeit geistig begreifen will, distanziert er sich von ihm, stellt er sich ihm gegenüber, begreift er ihn auch – um zugleich zu begreifen, daß er ihm *auch* unbegreiflich, fremd bleibt. Daß er ihm auch undurchschaubar, gar unheimlich bleibt. Aber dieses ihm Unheimlichbleiben ist nun nicht *nur* eine subjektive, menschliche Sache, die nur begründet wäre in einem Nichtkönnen des Menschen. Sondern sie ist auch in der Andersheit seines Gegenübers begründet, mit *ihr* gegeben. Das Materiel-

102

le weigert sich gleichsam kraft seines eigenen Wesens, kraft seiner eigenen Art, sich dem Menschen völlig preiszugeben, sich ihm gegenüber total zu entäußern, widerstandslos von ihm über sich verfügen zu lassen, ihm mehr als nur immer wieder seine Oberfläche und Außenseite zu präsentieren. Es beharrt geradezu eigensinnig darauf, auch es selbst zu bleiben.

Das ist zwar alles sehr menschlich, anthropomorph gesprochen. Aber wie sollten unsere Sprechweisen auch anders sein? Noch die abstrakteste mathematische Formel ist letztlich ein Anthropomorphismus. Und doch sind es nicht bloße Anthropomorphismen. Sie bringen vielmehr genau die Erfahrung auf den springenden Punkt, daß der Kosmos, das Materielle in allem Erscheinen für uns und Begriffenwerden von uns doch auch es selbst ist, eben »das Andere«. Sie sprechen somit zwar der materiellen Wirklichkeit in gewisser Weise jene Zweidimensionalität zu, die ohne Frage zunächst einmal vom Menschen an und in sich selbst erfahren wird und hier mit den Begriffen Innerlichkeit-Äußerlichkeit bezeichnet wird. Doch soll damit das Kosmische gar nicht vermenschlicht werden. Sondern es soll damit nur dies zum Ausdruck gebracht werden, daß eben der Kosmos-an-sich sozusagen mehr ist, als nur Kosmos-für-uns. Daß er in allem »für uns« auch der Andere und eigener Art ist und bleibt.

Wäre nämlich die Wirklichkeit des Kosmos nicht eine in diesem Sinne zweidimensionale, so müßte sie (auch die Welt im ganzen genommen) eben vom menschlichen Geist immer schon restlos durchschaut und ihm sozusagen total assimiliert sein. Und es wäre unbegreiflich, daß sie ihm *je* als fremd und widerständig erscheinen konnte. Die bleibende, im eigentlichen Wortsinne »objektive Eigenart« des Materiellen zu bestreiten, das wäre genaugenommen ein Sich-mit-ihm-Identifizieren. (N. b. Philosophisch wurde dieses Phänomen des bleibenden Selbst- und Anderssein des Materiellen früher ausgedrückt mit dem Reflexionsbegriff »Substantialität« [i. S. v. »substantia prima«].)

Geist/Erkennen und Materie/Kosmos, beider Gegeneinander und *beider* Eigenart und Eigensinnigkeit – das ist also das seltsame, merkwürdige Phänomen, das es in seiner Merkwürdigkeit wahrzunehmen gilt. Gewiß kann, ja, muß man dazu zunächst einmal sagen: »Nun gut, das ist eben so.« Es geht hier auch keineswegs darum, diesen Sachverhalt zu problematisieren oder zu erklären, ihn nun aufzulösen mit Hilfe des Glaubens. Der Glaube löst keine Rätsel auf. Eher müßte man sagen, daß er noch größere Rätsel schafft. Nein, nur darum ging es zunächst, auf diesen Sachverhalt zu zeigen, der eben objektiv seltsam ist und bleibt, ihn bewußt zu machen, auch wenn man ihn dann auf sich beruhen lassen kann mit einem lakonischen: »Es ist eben so.«

Für den Glauben, insofern es ihm nun auch um das Schicksal des Kosmos, das Materiellen, des Leiblichen geht, ist aber nun genau diese Eigenart und Eigensinnigkeit des Materiellen (die gnoseologisch im Sowohl-als-auch von Erkennenwollen und Nichterkennen- bzw. Nichtdurchschauenkönnen zugleich sich zeigt) das empirische Phänomen, welches er zum Gegenstand einer eigenen theologischen Reflexion machen kann. Das empirische Phänomen der objektiven Eigenart und Eigensinnigkeit des Kosmisch-Materiellen ist für ihn *nicht nur* ein »Es ist eben so«. Vielmehr kann er dieses innerweltliche, diesseitige Phänomen nun auch noch gründlicher zu verstehen suchen. (Ohne dabei aus dem diesseitigen Sachverhalt als solchem etwas anderes zu machen.) Dazu ist aber auch noch einmal zu verdeutlichen, was »Glauben« bedeutet; insbesondere nun in kosmologischer Hinsicht.

4.3 Gott und seine/unsere Welt, oder: Alles hat zwei Seiten

Wie schon mehrmals gesagt, ist im Glauben an ewiges Leben und Auferstehung selbstverständlich auch Gott mitgemeint. Denn nur ein Gott könnte »ewiges Leben« usw. gewähren, garantieren. Wirklich Gott wäre aber nur ein un-endlicher Gott. Ein un-endlicher Gott wiederum wäre auch der Schöpfer aller endlichen Wirklichkeit, also auch des materiellen Universums. (Wäre letzteres nicht der Fall, so wäre er nicht wirklich un-endlich, sondern nur ein begrenztes, endliches Wesen, also nicht wirklich Gott.) Das Schöpfungsverhältnis Gott – Welt ist selbstverständlich ein unbegreifliches Mysterium, das nicht wirklich begriffen oder »erklärt« werden kann. Jeder Versuch, es zu begreifen, tendiert entweder zu einem Gott-Welt-Monismus oder zu einem Gott-Welt-Dualismus/Deismus. Das erste ist schon phänomenal unsinnig, das zweite widerspricht dem, was der Glaube an ewiges Leben gerade will.

Gott als Schöpfer (somit auch Erhalter und Vollender) der *Welt* bzw. die Welt als Schöpfung Gottes, das ist also das eigentliche Zentrum, der eigentliche »Gegenstand«, *das* Mysterium des Glaubens. Es ist *ein* Mysterium. Doch kann man auch sagen: In diesem einen Mysterium sind gewissermaßen drei Mysterien enthalten: Erstens Gott, zweitens sein Schaffen, drittens die Welt *als* Schöpfung. Gerade auf dieses »dritte Mysterium« kommt es im jetzigen Zusammenhang besonders an. Besagt es doch, daß auch die Wirklichkeit des materiellen Universums *als* von dem unbegreiflichen, weil un-endlichen Gott Geschaffenes etwas Unbegreifliches ist. Daß sie sozusagen partizipiert an der Unbegreiflichkeit ihres Schöpfers. Das heißt mit anderen Worten: Als Schöpfung Gottes hat auch der materielle Kosmos nicht nur seine für uns sichtbare, begreifbare, beschreibbare Außenseite, sondern auch seine uns empirisch unsichtbare »Rück-« oder »Innenseite«. Er ist gleichsam nicht nur flächig dimensioniert, sondern hat auch »Tiefe«. »Tiefe«, die nicht nur anthropomorphe Projektion unserer eigenen menschlichen Innerlichkeit in die Außenwelt ist. Die vielmehr seine objektive »Tiefe« ist – weil er eben nicht nur unser, sondern auch Gottes Kosmos ist. Würden wir in diese seine »Tiefe« hineinschauen können, so würden wir schauen, wie er in jeder Faser seines Seins und Lebens unmittelbar aus, durch und in Gott ist und lebt. Wir würden schauen, wie sich Gottes Schaffen und sein Sein und Leben decken, wie sie eins sind in unendlicher Verschiedenheit und verschieden sind in unendlicher, unbegreiflicher Einheit. Das ist das Mysterium des Kosmos.

Das ist gewiß »erst« die »Sicht« des Glaubens. Aber der Glaubende meint keine andere Wirklichkeit als der Empiriker, der er ja selbst auch ist. Er vergöttlicht auch nicht die

Welt. Die Welt, das Universum bleibt auch für ihn das, was und so, wie es ist: materielle Wirklichkeit. Ihr Schöpfung-Gottes-Sein kommt sozusagen nur zusätzlich hinzu. Aber dieses »Zusätzliche«, das ja für den Glaubenden etwas objektiv Wirkliches ist, weil für ihn ja der Schöpfergott objektiv wirklich ist, kann doch nicht etwas *nur* äußerlich Zusätzliches sein. Wäre es nur so, beträfe es also gar nicht die Wirklichkeit des materiellen Universums selbst, dann müßte man eben sagen: Das materielle Universum ist gar nicht wirklich Schöpfung, es existiert ganz und in jeder denkbaren Hinsicht nur in und aus und durch sich selbst. Das wiederum stünde zumindest im Widerspruch zu dem, was der Glaube will, nämlich zum unendlichen Schöpfersein Gottes.

Der Glaubende meint also, wie gesagt, keinen anderen Kosmos als den empirisch wahrnehmbaren. Dessen Wirklichkeit ist aber, wie oben in 4.2 ausgeführt wurde, solcher Art, daß auch der bloße Empiriker zumindest bei ein wenig selbstkritischer Reflexion wird zugeben können: Wirklich durchschauen und erklären, ihn ganz und gar begreifen, das können wir nicht. Was wir wahrnehmen, begreifen, von ihm denken und in Formeln fassen, das sind immer nur seine von uns geistig verarbeiteten Erscheinungen. Er selbst ist und bleibt in allem subjektiven Begriffenwerden auch der Andere, fremd, mysteriös. Seine Andersheit für uns, seine bleibende Fremdheit, Widerständigkeit und Undurchschaubarkeit, das entspricht aber nun genau dem, daß auch der Kosmos Schöpfung Gottes ist. Als von dem unendlichen, unbegreiflichen Schöpfergott geschaffener hat der Kosmos auf seine endliche, materielle Weise auch teil am unendlichen Geheimnis des Seins und Wesens Gottes. Seine ganz natürliche Fremdheit und Mysteriosität *ist* seine theologische Mysteriosität. Und sie wirkt sich für uns im Diesseits eben so aus, daß er für uns in allem Begriffenwerden auch der Andere, Dunkle, Fremde und fast Unheimliche bleibt.

Nun ist aber Gott der Schöpfer dieses Universums. Indem er es schafft und es in seiner eigenen Unendlichkeit »vor« sich hat und er es schaffend durchschaut, sieht er es auch so, wie es für ihn ist. Es gibt also hinsichtlich des Universums zwei Standpunkte, es wahrzunehmen, den Standpunkt des

Empirikers und den »Standpunkt« Gottes, seines Schöpfers. Und dementsprechend hat das Universum selbst sozusagen zwei Seiten oder Dimensionen: seine uns zugängliche Seite und seine »göttliche«, gottzugewandte Seite, die zudem das uns im Diesseits Sichtbare nicht aus-, sondern einschließt. Für Gott ist die Welt eben nicht nur die empirische wie für uns. Ein und derselbe Kosmos ist also sowohl empirische als auch theologisch-metaempirische Wirklichkeit. Das theologisch-metaempirische Wesen des Kosmos ist somit die Jenseitigkeit des diesseitigen, empirischen Kosmos. »Jenseitigkeit«! Nicht ein eigenes, anderes Jenseits, ein anderer Kosmos hinter dem unsrigen. »Hinter« unserem Kosmos ist, wenn man einmal so sagen darf, nichts; nichts als nur sein Schöpfer. Nicht um einen jenseitigen, anderen Kosmos geht es, sondern darum, daß der diesseitige Kosmos unsichtbarerweise *selbst* auch schon der jenseitige *ist*. »Unsichtbarerweise«, das entspricht nur dem phänomenalen Sachverhalt der Fremdheit und »eigen-artigen« Andersheit und Dunkelheit des Materiellen für uns. Letzteres mag ja, wie oben gesagt, ein ganz allgemeines, fast triviales Rätsel sein. Ein solches ist es aber immerhin! Und für den Glaubenden, der es weiterbedenkt, der es nämlich unter das Vorzeichen »Gottes Schöpfung« stellt, wird die unsichtbare Jenseitigkeit des Kosmos zu dem, was traditionellerweise »der Himmel« heißt.

4.4 Die andere Seite, oder: Theologische Kosmologie

4.4.1 Das Jenseits, analog/ähnlich dem Diesseits

Der Glaubende kann freilich nicht den Standpunkt Gottes einnehmen und den Kosmos mit Gottes »Augen« betrachten. (Schon das ist natürlich nur ein Bild für Gottes Schöpfersein.) Das kann aber in gewissem Maße die abstraktere, spekulative Reflexion über den Inhalt des Glaubens. Auch für sie ist ja wie für den Glaubenden Gott wirklich. Und ebenso ist der Kosmos wirklich. Über Gott an sich kann sie zunächst nichts wirklich Positives sagen. Alles, was sie über Gott sagt, steht unter dem negativen Vorzeichen, daß Gott der *Un*-endliche ist. Jede Aussage über ihn selbst steht unter dem Gesetz jener »Analogie« des vierten Laterankonzils, die besagt: Gott ist seiner Schöpfung nicht einfach nur ähnlich und unähnlich, so wie alle Dinge *in* der Welt es untereinander sind. Dann wäre Gott eben auch als ein vergleichbares »Etwas« gedacht. Sondern die Unähnlichkeit ist *noch* größer (»*maior* dissimilitudo«), so daß er selbst, auch als Schöpfer, *über* allem ist und bleibt. Aber wie es dem Glauben gar nicht in erster Linie um Gott selbst geht, so geht es auch der Glaubensreflexion nicht in erster Linie um Gott selbst, sondern um die Welt, den Kosmos. Um ihn freilich, vielleicht bewußter und deutlicher, *als* Schöpfung Gottes. Und so kann sie dann weiter fragen: Wie sähe der Kosmos wohl aus, gesehen von Gott her?

Natürlich kann die Antwort kein wirkliches Bild, keine wirkliche Vorstellung, kein wirkliches Sehen sein. Auch diese Reflexion bleibt diesseitig, menschlich; sie sieht nicht »sub specie aeternitatis«. Aber daß diese andere Sicht und Seite des Kosmos, eben seine für unsere Augen unsichtbare Seite, auch wirklich ist, das setzt ja auch die Glaubensreflexion voraus, weil für sie eben Gott wirklich ist. Um diese unsichtbare Seite des Kosmos, vielleicht könnte man sagen: um die mysteriöse Dimension seines Innersten, die aber gleichsam bis ins Äußerste, eben seine empirisch-physischen Erscheinungen hineinreicht, geht es. Also nicht um Gott, sondern sozusagen um die »göttliche Seite« des Kosmos selbst, die für unser empirisches Sehen und Begreifen im Diesseits zunächst einmal nur seine bleibende Unbegreiflichkeit und Widerständigkeit war.

Diese »göttliche Innenseite« des Kosmos ist aber durchaus selbst etwas Endliches, Geschaffenes! Das heißt: Das Jenseits, die Jenseitigkeit des Kosmos ist nicht so *ganz* anders und nochmals *schlechthin* unbegreiflich *über* allem Endlichen, wie Gott selbst es ist und bleibt! Für das Jenseits, die Jenseitigkeit des Kosmos gilt also im Verhältnis zu dem, was für uns als der diesseitige Kosmos erscheint und ist, durchaus jenes »Gesetz der Analogie des Seins«, daß alle geschaffenen Wirklichkeiten untereinander sowohl ähnlich als auch unähnlich zugleich sind. Mögen sie noch so himmelweit unterschieden und einander unähnlich sein, zumindest darin sind sie einander ähnlich, gleichsam miteinander verwandt, daß sie eben wirklich sind, existieren; und sei es nur »im Geiste«, im Denken des Menschen. Das heißt dann weiter, da es hier ja sogar um ein und denselben Kosmos geht: Die beiden Seiten dieses Kosmos können, auch wenn sie himmelweit verschieden sind, doch nicht so verschieden sein, daß sie gar nichts miteinander zu tun hätten.

Und nun noch weiter: Dann kann die spekulative Glaubensreflexion sich einmal fragen: Was bleibt eigentlich von diesem Kosmos selbst zu sagen, wenn wir ihn uns einmal *ganz objektiv* vorstellen oder richtiger denken? Wenn wir also einmal davon absehen und davon abstrahieren, daß wir normalerweise den Kosmos stets auf unsere menschliche Weise wahrnehmen, daß wir ihn immer durch unsere menschliche Brille sehen, ihn also immer auch schon vermenschlichen. Was ergibt sich, was bleibt sozusagen als »Kosmos-an-sich«, wenn wir genau dieses Menschliche, Subjektive unseres Sehens und Bedenkens des Kosmos gleichsam einklammern, um soweit als möglich nur den Kosmos in seinem Selbst zu denken? Was dabei noch gedacht wird – gedacht von einem sozusagen ganz unnatürlichen Standpunkt aus, der nicht mehr der unseres normalen Sehens und Denkens ist, der aber immerhin anvisierbar ist –, das ist dann selbstverständlich auch etwas reichlich Abstraktes, etwas gar nicht mehr *wirklich* Vorstellbares. Aber es ist doch nichts Unwirkliches! Es geht ja um den Kosmos. Was bleibt also von ihm, wenn wir gewissermaßen von unserem üblichen Weltbild die menschlichen, anthropomorphen Farben abkratzen und den Kosmos nur noch in Schwarz-Weiß denken? Wie gesagt, das ist natürlich nur ganz abstrakt und approximativ möglich. Und es ist nur in einem Denken durchführbar, das sich dessen bewußt ist, daß all sein Wahrnehmen und Begreifen des Kosmos *sein menschliches* Wahrnehmen und Begreifen ist; und das gerade mit diesem bewußt selbstkritischen Wissen weiß, daß der Kosmos selbst nicht einfach restlos identisch ist mit unseren Vorstellungen, daß er nicht einfach nur das ist, was wir von ihm wahrnehmen. So vorzugehen, das ist also der Versuch, nun doch noch einmal dem oben beschriebenen Phänomen der bleibenden Andersheit, der objektiven Eigensinnigkeit des Kosmisch-Materiellen nach-zudenken und es ein kleines Stück weit auch begrifflich genauer zu fassen. Der Versuch, es nicht beim Hinnehmen dieses Andersseins zu belassen, sondern auch sein eigenes Wesen konkreter zu Wort zu bringen – wozu natürlich sein empirisch erfahrenes Wesen den Leitfaden abgeben muß. Zu fragen wäre also: Was bliebe vom Kosmisch-Materiellen selbst, von seinem An-sich zu denken übrig, wenn wir gewis-sermaßen versuchten, ihn ohne unsere menschliche Brille zu betrachten? Wenn wir versuchten, ihn in seinem puren Selbstsein zu denken; so wie er wäre, ohne daß es überhaupt schon einen Menschen gäbe. Den Kosmos also vor unserer Zeit und ohne uns als Beobachter.

4.4.2 Das Eigenwesen des Kosmos, zeitlos-ewiger Raum zu sein

So gedacht wäre vom Kosmos zu sagen, daß er zeitlos-ewig da ist: sich »energisch« bewegende Materie, deren Teile in ihrem Miteinander und Nebeneinander den *Raum* des Kosmos bil-den. Dies ist sozusagen die wesentliche Eigenschaft und Eigen-art des Kosmos, als bewegter, lebendiger Raum da zu sein; zeit-lich gesprochen: nur gegenwärtig, zeitlose Gegenwart zu sein. Das heißt nicht: starre, tote Gegenwart! Die Materie ist ja in ständiger Bewegung, voll Energie; und so gibt es ständig neue Konstellationen und Gestalten. Aber Bewegung ist nicht schon Zeit, zeitlich. Zeit, Zeitlichkeit, das ist Sache des menschlichen Sehens und Erkennens. *Wir* sind es, die das Sichbewegen der Dinge, das ständige Sichverändern wahrneh-men und als Vorher, Jetzt und Später in uns festhalten.

Wir sind es, die wir uns irgendwie ein »Bild« von »der Bewegung« machen. Aber das ist auch schon eine Abstrakti-on *unseres* Wahrnehmens und Sehens der Wirklichkeit. In der Wirklichkeit gibt es nicht »die Bewegung«. Da gibt es nur die sich bewegenden Dinge. Wir in unserem Wahrnehmen und erinnernden Festhalten sind es, die daraus eine sogenannte »objektive, physikalische Zeit« machen, *in* der sich die Dinge bewegen – als ob sie selbst zeitlich existierten, Zeit hätten, gar eine Geschichte hätten. Das ist anthropologisch gesehen nicht illegitim, aber das sozusagen *ganz objektive* Eigenwesen des Kosmos-an-sich wird genau damit verdeckt. Der Kosmos-an-sich, eben die materielle Wirklichkeit unserer Welt als solche, sie hat keine Zeit.

Im Kosmos selbst gibt es keine Vergangenheit, keine Zukunft, da gibt es nur Gegenwart und Raum und Bewegung; einfaches Dasein. Zeit ist geistig-seelisch, »in der Seele« des Menschen. Die Frage war aber, was bleibt vom Kosmos-an-sich – der ja eine objektive Wirklichkeit ist, der nicht erst durch den Menschen wirklich ist! –, wenn wir sozusagen von unseren menschlichen Zutaten absehen, also auch von der Zeithaftigkeit all unseres Erkennens und Denkens? Die Antwort lautet: Der Kosmos an und für sich ist der bewegte Materieraum; der Raum, den die Materie selbst bildet. Das ist selbstverständlich eine ganz abstrakte Sache, die wir uns gar nicht so recht denken und vorstellen können. Und auch nicht vorstellen sollen, denn jede Vorstellung vermenschlicht und verzeitlicht sogleich. Es ging aber gerade um den sozusagen »ganz objektiven Kosmos-an-sich«. Um seine Eigenwirklichkeit. Also sozusagen darum, denkend ein klein wenig in sein Innerstes, in das Wesen des Materiell-Kosmischen, in die »Substanz« der Materie einzudringen.

Dieses sozusagen ganz abstrakte Schwarz-Weiß-Bild des Kosmos ist natürlich ein Produkt unseres *menschlichen* Denkens, gewissermaßen ein abstraktes, künstliches Modell des Kosmos-an-sich. Dieses Modell ist auch nicht der Kosmos, so wie Gott ihn vor sich hat! Gott ist schließlich kein mühsam abstrahierender »Metaphysiker«, sondern schöpferischer »Physiker«. Jenes Schwarz-Weiß-Modell des Kosmos-an-sich zu entwerfen, das hat dennoch seinen guten Sinn, und zwar in mehrfacher Hinsicht: Einerseits zeigt sich, daß das gewöhnliche, natürliche, menschliche Sehen und Denken nicht das allein mögliche ist. Daß auch für den Menschen verschiedene Standpunkte und somit verschiedene Sichten möglich sind. Anderseits zeigt sich, nun mehr inhaltlich, von diesem Standpunkt des Denkens aus, dem es um das ganz objektive Wesen des Kosmos-an-sich geht, nun doch etwas von dem eigentlichen und eigenen Wesen dieses Kosmos; seine sogenannte metaphysische Seite oder jedenfalls dies von ihr: zeitlos gegenwärtiger Materieraum zu sein. (»Raum«, denn der Kosmos ist ja kein Punkt!) Dies ist sozusagen das eigentliche, substantielle Wesen des Kosmos, das bleibt und zutage tritt, wenn wir von allem menschlichen Zutun bei seiner Betrachtung abstrahieren: Das aber genaugenommen in seiner Eigentlichkeit und seiner Wesentlichkeit gerade *nicht zutage tritt*; in *dieser* Reinheit ja gerade *nicht erscheint*, so gerade nicht vorgestellt werden kann, so unvorstellbar bleibt. Und dies, obwohl es doch – zwar nur noch ein approximatives Grenzmodell, aber: – ein »Grenzmodell« vom eigentlichen Wesen dieses unseres materiellen Kosmos ist. Das heißt eben ganz schlicht: Das eigentliche Wesen dieses unseres Kosmos ist unvorstellbar. Wir können von ihm nur sagen, daß es zeitlos gegenwärtiger Materieraum ist. Das Gesagte können wir aber nicht wieder zu einer wirklichen, anschaulichen Vorstellung zusammenbringen, weil jedes Vorstellen schon wieder *unsere* Zeitlichkeit in das Vorgestellte hineinsieht. (Anderseits führte ein *totales* Heraushalten dieses Faktors Zeitlichkeit dazu, daß dann das eigentliche innerste Wesen dieses unseres Kosmos als ein unbewegtes, starres Totsein vorgestellt werden müßte. Daß dies aber das Wesen des Kosmos-an-sich sei, wird kein vernünftiger Metaphysiker, geschweige denn ein Empiriker behaupten.)

4.4.3 Der »Kosmos-an-sich« ist der Himmel

Daß der »Kosmos-an-sich« einfach der unvorstellbare, uns fremde, gar unheimliche materielle, bewegte Raum ist, das ist an sich noch nicht Glaubenssache. Es ist an sich nur eine kosmologische Spekulation, die zeigte: In seinem objektiven eigenen An-sich gedacht, nicht schon wieder in die Formen und Vorstellungen unseres menschlichen Verstandes gebracht, erschiene der Kosmos, die materielle Wirklichkeit unseres Universum, als ein zeitlos-ewiges, »energisches« Da in einfacher raumhafter Gegenwart, während wir, selbst zeitlich existierend, in ihm kommen und gehen. Leiblich-körperlich sind wir ein kleiner Teil von ihm, und auch davon gilt, daß dieser Teil zum Kosmos gehört, selbst in der Zeit unseres Lebens mehr ihm, als uns gehört. In einem gewissen Sinn ist der Kosmos uns sogar überlegen in seiner zeitlos-ewigen Gegenwart, mit der er alles Entstehen und Vergehen der Gestalten in ihm überdauert, deren Raum ist, aber als solcher eben größer und bleibender ist, als seine einzelnen Konstellationen und Gestalten.

Die eigentliche Glaubenssache angesichts dieser Kosmologie kommt erst wieder hinzu, obwohl es auch dabei um keinen anderen Kosmos geht, als um diesen uns sichtbaren, aber unserer Vorstellung letztlich selbst auch fremd bleibenden Kosmos. Dazu muß hier auch wieder daran erinnert werden, daß der Tod, gut platonisch und auch gut traditionell christlich (und wohl auch ganz realistisch nüchtern) gedacht, Trennung von Seele und Leib, sprich: Kosmos bedeutet. Und der Glaube ist überzeugt: Die Seele, der Verstorbene, ist »im Jenseits«, »im Himmel«. Die eigentliche Frage dieses Kapitels war aber: Was soll das eigentlich heißen: *Im* Jenseits, *im* Himmel?

1) Einfach zu antworten: Bei Gott, in Gott, das ist zwar richtig, aber zu wenig. Denn bei Gott, in Gott ist alles Geschaffene, auch schon im Diesseits, sonst wäre es gar nicht. Und ein Gott, der seinerseits nicht immer mit und in allen und allem wäre, wäre nur ein endlicher, begrenzter Götze. (Eine dem entsprechende »Theologie« wäre geistiger Götzendienst.)

2) Oder soll mit »dem Jenseits«, »dem Himmel« noch ein anderer, uns jetzt überhaupt nicht sichtbarer, ganz jenseitiger, neuer Kosmos gemeint sein? Dann käme man aber in Schwierigkeiten sozusagen mit der Erdhaftigkeit des christlichen Glaubens. Dieser besteht ja darauf – gleich, wie er sich das im einzelnen dann vorstellen mag oder auch nicht –, daß die *ganze* irdische Wirklichkeit, in der wir jetzt leben, kurz gesagt: »im Heil«, »erlöst« usf. sei. Also auch unser materieller Kosmos und mit ihm unser Leib, nicht nur die menschlichen »Seelen«. Wäre »das Jenseits«, »der Himmel« ein ganz anderer, neuer Kosmos, so hätte Gott genaugenommen zwei Welten geschaffen, von denen er die erste, also unseren Kos-

mos dann schließlich entweder vernichten oder dem anderen anverwandeln könnte – was aber genaugenommen auch seine Vernichtung bedeutete.

3) Oder soll das »im Himmel« einfach so gedacht werden, daß die verstorbenen Seelen in ihrer Leibhaftigkeit und mit ihrer Geschichte, die sie selbst sind, auch selbst ihr Jenseits und ihr Himmel sind? Doch das ergäbe genau dieselben Schwierigkeiten: Was ist mit dem materiellen, jetzigen, empirischen Kosmos? Wie soll seine »Zukunft« gedacht werden?

4) Weiter hätte man die seltsame »himmlische Situation« zu denken, daß dann Jesus (und Maria) *allein* auch schon leiblich auferweckt wären, die anderen Seelen hingegen noch nicht.

5) Schließlich müßte man sagen: Den anderen »bloßen Seelen« fehlt also noch etwas. Ist dieses Fehlen nun ein wirklicher Mangel, ein Fehlen von etwas Wichtigem, wie sollen sie dann glücklich sein? Ist es hingegen etwas Unwichtiges, dann erscheint eben die kosmische Wirklichkeit und auch ihre zukünftige Verwandlung als nebensächlich und überflüssig. (Ganz abgesehen von der Problematik einer »*Verwandlung* am sogenannten Jüngsten Tage«.) Der Glaube, daß die Verstorbenen jetzt »im Himmel« sind, läßt sich schwerlich plausibel vereinbaren mit der Annahme, »der Himmel« entstehe erst durch eine zukünftige Verwandlung oder »Verklärung« dieser jetzigen Welt. (Bis dahin lebten die Seelen der Verstorbenen also in einem Wartesaal. Aber was soll das dann sein?)

6) Sagt man dagegen, für die Verstorbenen sei auch schon die Zukunft, also »das Ende der Welt« offenbar und gegenwärtig, so ist das sicher richtig. Es führt aber exakt zu der hier vorgetragenen Konzeption: Denn dieses ihr schon Sehen der »Zukunft« des Kosmos kann ja nicht so sein, daß es *unser* Sehen des uns gegenwärtigen Kosmos zu irrealem Schein machte! Was für sie schon gegenwärtig, offenbar ist, für uns aber erst zukünftig sein soll, das muß vielmehr als jetzt schon »gleichzeitig«, als kompatibel gedacht werden. Eben dies besagt aber unsere Sicht des Kosmos, der gleichsam janusköpfig, doppelgesichtig ist. Der nämlich sowohl die uns sichtbare, empirische Wirklichkeit ist als auch, uns unsichtbarerweise, aber ebenso wirklich, zugleich Gottes *himmlische* Schöpfung ist.

Wir nehmen also das »*im* Himmel«, »*im* Jenseits« geradezu wörtlich und sagen: »*Der* Himmel«, »*das* Jenseits«, das ist dieser unser Kosmos in seiner Jenseitigkeit. »*Der* Himmel«, das ist die andere, unsichtbare Seite oder Innendimension unseres Universums. Der Kosmos also so, wie er gleichsam vor Gottes Augen und in seinem Licht erscheint. Daß der Kosmos auch anders gesehen bzw. gedacht werden *kann*, als wir ihn gewöhnlich wahrnehmen, das zeigte ja schon der Ergebnis unseres Gedankenexperimentes: Wie wäre der »Kosmos-an-sich« zu denken? Das Ergebnis war zwar auch nur unser menschliches Modell. Aber letztliche Unvorstellbarkeit des eigentlichen Wesens des Kosmos gehörte ja zu diesem Modell hinzu. Nun ist Gott aber Schöpfer dieses zeitlosen, gegenwärtigen, lebendigen Materieraumes. Und was für uns nur ein reichlich abstraktes und undurchsichtiges Gedankenprodukt bleibt, das ist in Wirklichkeit sein konkreter, alles andere als abstrakter Himmel: *der* Himmel, *das* Jenseits. Und dies ist nichts anderes als der Lebensraum der Verstorbenen, nämlich ihrer Seelen. Sie sehen diesen Himmel natürlich auch nicht so, wie Gott ihn »sieht«, d. h. schafft. Sie sehen ihn mit ihren menschlichen Augen, mit den Augen ihrer leibfreien Seele; so also, wie er uns im Diesseits gerade nicht erscheint. Und doch ist derselbe Kosmos (auch unser Leib gehört dazu), in dem und von dem wir hier leben, der uns unsichtbare *Himmelsraum*, in dem sie leben und den sie nun anders sehen und erleben als im Diesseits. Anders, weil sie einen eigenen materiellen Körper oder Leib weder haben noch brauchen.

4.5 Zusätze

1. Die hier vorgetragene Sicht des Kosmos hat mit der Idee und Vorstellung einer *Weltseele* oder *Allbeseelung* nichts zu tun. Das ist zu undifferenziert, zu grobschlächtig, zu losgelöst von den empirischen Sachverhalten. *Der* Himmel, *das* Jenseits ist nicht der Leib des oder der Verstorbenen, ihrer Seelen. Er ist der *Raum, in* dem sie leben, in dem sie alle mit-einander (dazu s. das nächste Kapitel) sind. Gut christlich-plato-

nisch ist sowohl an der Individualität jeder Seele als auch an der Trennung von Leib und Seele im Tode festzuhalten.

2. Die Redeweise, die Seele der Verstorbenen gehe wieder ein in das *Ganze der Natur*, sie werde wieder eins mit ihr, mag auch für den Glaubenden Richtiges anvisieren. Doch so einfach kann sie nicht hingenommen werden. Richtig ist sicher die Idee des Endes der »Feindschaft« von Kosmos und Mensch, die es im Diesseits eben auch (nicht nur!) gibt. Doch nicht durch »Eingehen«, »Vergehen«, gegenseitiges Verschmelzen und Sichversöhnen. Der Kosmos ist auch in seiner »göttlichen« Innenseite »nur« Materie, nur »dienendes Material« (s. Hebr 1,14). Die Seelen schauen und erleben ihn in seiner ganzen gewaltigen Macht, mit der er sie umgibt, aber sie haben von ihm nichts mehr zu befürchten. Dazu, ihnen gleichsam selbstlos als ihr aller gemeinsames Haus zu dienen, ist er, zeitlich gesprochen, von Anfang an geschaffen. So bleibt er ewig. Dies ist sein eigener theologischer Sinn.

3. Schlichtweg überflüssig ist die Idee einer erst zukünftigen *Verwandlung* oder *Verklärung* des irdischen Kosmos. Ebenso natürlich die Idee einer Verwandlung eines individuellen menschlichen Leibes. Von Verwandlung wäre nur von der Seele des Menschen zu sprechen, insofern sie im Tode frei wird von den Fesseln des Leibes, des Kosmos. Der irdische Leib, der ja Teil des Kosmos war und bleibt, er braucht nicht verwandelt zu werden. Allenfalls könnte man sagen: Wie der Kosmos als ganzer ist auch er immer schon »verwandelt«; denn unsichtbarerweise ist er (»substantiell«) immer auch schon jenseitig. Der Himmel steckt also gewissermaßen in der Erde. Daß dies so ist, offenbart sich freilich erst den Verstorbenen im Jenseits. Im Diesseits kann es nur schöpfungstheologisch gedacht werden.

4. Die hier vorgetragene theologische Kosmologie enthält auch einen klärenden Hinweis für ein dem ersten Anschein nach weit entferntes Stück dogmatischer Theologie, nämlich die *Eucharistielehre*. So wie sie sich umgekehrt von dorther bestätigt sehen kann. (Dazu ist es aber notwendig, heute gän-

gige Klischeevorstellungen zur Eucharistiefeier hintanzustellen und statt dessen genauzunehmen, was das kirchliche Dogma zur Eucharistie wirklich sagt und was nicht.)

1) Im Zentrum der Eucharistiefeier steht das Wort: »Dies *ist* mein Leib, mein Blut.« Das wird gesagt von Brot und Wein, die zugleich repräsentativ sind für den ganzen irdischen Kosmos, für Natur ebenso wie für kultivierte Natur. Sie sind »Frucht der Erde und der menschlichen Arbeit«.

Der Liturge ist aber kein Zauberer, der selbst kraft einer magischen Macht seines Wortes die Dinge zu etwas anderem verwandeln könnte, als sie sind. Aufgabe des Priesters, Sache der Liturgie überhaupt, ist es vielmehr, feierlich zu sagen, also zu verkünden, daß und inwiefern die Dinge, »im Lichte des Glaubens gesehen«, auch noch anders *sind*, als sie dem gewöhnlichen, empirischen Sehen nur zu sein scheinen. Würde der Priester selbst Brot und Wein *verwandeln*, dann müßte er eigentlich sagen: »Dies *werde*... Dies *soll werden*...«

Die sogenannten Wandlungsworte sprechen aber nun – das ist der entscheidende Punkt! – nicht von der *Seele* Jesu Christi, von seiner geist-seelischen Person! Das Dogma von der sogenannten Transsubstantiation gilt nicht der Seele, dem Geist Jesu, sondern es behauptet die unsichtbare Gegenwart (»Realpräsenz«) des *Leibes* Jesu Christi, also des Materiell-Leiblichen »unter« den empirisch sichtbaren Gestalten von Brot und Wein. Die Seele Jesu ist selbstverständlich auch gegenwärtig. Aber, wie es fachterminologisch heißt, nur »per concomitantiam«. Sie ist gegenwärtig *in* »Leib und Blut«. Nicht aber ist sie einfach identisch mit »Leib und Blut«. Nur um »Leib und Blut« geht es aber bei der sogenannten Transsubstantiation (die im übrigen nicht als innerweltlicher, empirisch beobachtbarer, zeitlicher Prozeß zu denken ist! S. z. B. Thomas von Aquin, S. th. III,75,7.)

Wir können nun dieses Dogma, daß Brot und Wein unsichtbarerweise, »substantiell«, himmlische, verklärte, biblisch gesprochen: pneumatische Realität sind, ohne weiteres beim Wort nehmen. Denn es besagt nicht mehr – aber auch nicht weniger – als genau dies: Daß das Irdisch-Materielle-Kosmische, nämlich Brot und Wein, ungeachtet seiner diesseitigen empirischen Realität auch schon jenseitig *ist*. Daß es »im Innersten« Himmelsmaterie, *der* Himmel, der jenseitige Raum ist, *in dem* alle Verstorbenen, alle Seelen leben. Wenn man denn so will: ihr einer gemeinsamer »Leib«.

Ein gemeinsamer »himmlischer Leib« *aller* Seelen. Da aber für den christlichen Glauben Jesus Christus nun einmal der »Vornehmste« aller Verstorbenen im Himmel ist, wird dieser »himmlische Leib« aller nun auch »vornehmlich« als »Leib (und Blut)« Christi gedacht und bezeichnet. Zu Recht – indes ist dies »nur« eine *positive*, *affirmierende* Aussage des Glaubens. Das aber heißt: Sie ist nicht in einem exkludierenden Sinn zu interpretieren, so als ob es sich *nur* um *seinen* »himmlischen Leib« handelte und nicht um den einen »himmlischen Leib« aller, die mit ihm sind. (Zum positiv-affirmierenden, nicht exkludierenden Sinn von Glaubens- und dogmatischen Aussagen s. Verf., Glaube und Dogma der Kirche, St. Ottilien 1995.)

2) *Unser* »Essen des Leibes und Trinken des Blutes Christi« in der Feier der Eucharistie ist ein symbolisches, zeichenhaftes Tun. Was aber wird mit diesem Essen und Trinken, mit der »Kommunion« bezeichnet, symbolisiert? Nichts geringeres als die unsichtbare, aber wirkliche Einheit, ja, Identität von »Himmel« und »Erde«. Essend und trinkend bekennt der an der Eucharistiefeier Teilnehmende das nicht nur geistig-intentionale, nur subjektiv-bewußtseinsmäßige, sondern auch materiell-objektive, »substantielle« Einssein von Jenseits und Diesseits. Als von uns dargebrachte Opfergaben repräsentieren Brot und Wein ja das Diesseits des Kosmos. Als unsichtbarerweise »verwandelte« repräsentieren sie die Jenseitigkeit desselben Kosmos, »*den* Himmel«.

Brot und Wein bezeichnen und sind ja, wie gesagt, nicht die Geistseele Jesu! Jesu Seele, wie auch alle anderen, ist »nur« »per concomitantiam« realpräsent. Ihrer unsichtbaren Gegenwart im Glauben bewußt zu sein, das ist Sache der sogenannten *geistigen* oder *geistlichen* Kommunion. Sie ist aber nicht das eigentliche, formelle Thema der *leiblichen* Kommunion, also des Essens und Trinkens von »Leib und Blut Christi« als solchen.

Sonst müßte man in der Tat sagen: Symbolischerweise essen wir Jesus. Das aber ist, auch als nur symbolisches, unsinnig und absurd. Für diesen gedankenlosen Unfug beruft man sich zwar gewöhnlich auf einen schon natürlicherweise tieferen, symbolischen Sinn feierlichen Mahlhaltens, der das *Herstellen* von personaler Gemeinschaft sei. Aber gerade wenn man hier genauer zusieht, zeigt sich, daß das eben nur gedankenloses Gerede ist: Der, wenn man so will, schon natürliche Symbolsinn des gemeinschaftlichen oder gar feierlichen Mahlhaltens ist doch nicht das geradezu kannibalistische Einswerdenwollen mit den anderen Mahlteilnehmern. So als ob das Gegessene und Getrunkene *sie*, die Mahlgenossen repräsentierte und bezeichnete! So als ob der Essende sich durch das Gegessene seine Mitgenossen zeichenhaft einverleiben wollte! Bei jedem gemeinschaftlichen Essen ist die geistige, personale Gemeinschaft der Teilnehmer doch schon *vorausgesetzt*. Ohne sie würde man nicht zusammen essen. Mit Feinden ißt man bekanntlich nicht. Das gemeinsame Essen soll und kann also nicht die Gemeinschaft erst *herstellen*, sondern soll diese *auch* im Bereich des Naturhaft-Leiblich-Materiellen, also *zusätzlich* dokumentieren. In einem Bereich, der aber nicht identisch ist mit den Mahl*teilnehmern* als solchen. Welcher Mahlteilnehmer identifizierte denn sich oder die anderen mit den Dingen, die gegessen und getrunken werden?

Indem also in der Feier der Eucharistie, näherhin im Ritus der leiblichen Kommunion, Brot und Wein, materielle Dinge also, im Vordergrund stehen, ist das Essen und Trinken ein geradezu massives Bezeugenwollen, daß es dem christlichen Glauben nicht nur um das ewige Leben der Seele geht, sondern auch um das »Heil« des materiellen Kosmos in seiner ganzen Leibhaftigkeit.

5. Schließlich zum sogenannten ersten *Schöpfungsbericht* der Bibel. Nach Gen 1,1 schafft Gott »Himmel und Erde«. Der Himmel, von dem hier die Rede ist, das ist noch nicht jener »Himmel«, nämlich das sichtbare Firmament, den Gott erst später bildet (s. Gen 1,6–8), um dann auch Sonne, Mond und Sterne an ihm anzubringen (Gen 1,14–18). Die Formel »Him-

mel und Erde« in Gen 1,1 meint zwar auch einfach: alles von Gott Geschaffene überhaupt. Anderseits scheint eben doch eigens von einem Himmel die Rede zu sein, der nicht schon mit jenem sichtbaren, empirischen Firmament identisch ist, das selbst zur »Erde« gehört und von dem erst später, in Gen 1,6–8 erzählt wird. Und so interpretierten schon die Rabbinen, dann die Väter diesen seltsamen Sachverhalt so: Der Himmel, von dem die Bibel in Gen 1,1 spricht, das ist in der Tat nicht jenes sichtbare Firmament von Gen 1,6–8, sondern das ist der »Himmel *über* allen Himmeln«, nämlich der Thronsaal Gottes und seines himmlischen Hofstaates.

Man kann aber die Sache von »Himmel und Erde« dann auch so verstehen: »Himmel und Erde« von Gen 1,1, das ist zunächst einmal *alles* Geschaffene, der Kosmos, das Universum im ganzen. Von diesem Ganzen bedeutet dann »Himmel« das materielle Universum, wie es in und vor und für Gott ist. »Erde« hingegen ist dasselbe materielle Universum, so wie es von uns im Diesseits wahrgenommen wird. Anders gesagt: »Himmel« ist das materielle Universum, gedacht in seiner Jenseitigkeit. »Erde« ist dasselbe materielle Universum, gedacht in seiner Diesseitigkeit.

6. In diesem Kapitel stand nicht das »ewige Leben der Seele« im Vordergrund, sondern es ging um das »Schicksal« des Leibes; damit um das »Schicksal« der ganz handfesten materiellen Wirklichkeit unserer Welt, des Kosmos, des Universums: Wie läßt sich der Glaube *verantworten*, daß es auch für diese Wirklichkeit ein Jenseits gibt? Was soll dann dieses Jenseits eigentlich sein?

Die Vorstellung von einer individualleiblichen Auferweckung oder Auferstehung war gewissermaßen ein Kondensat des christlichen Glaubens bzw. seines Interesses an der Heilswürdigkeit nicht nur der menschlichen Seele, sondern auch der irdischen Welt, der ganzen Natur, kurz: des Kosmos – entsprechend der zumindest impliziten Glaubensüberzeugung, daß alles, Himmel und Erde, Mensch und Welt, Seele und Leib, Geschichte und Natur Gottes Schöpfung ist. Wörtlich genommen dürfte dieses Kondensat freilich nicht zu retten sein. Das Interesse, das sich in ihm zur Geltung bringt, hat sich aber auf

andere Weise wahrnehmen lassen: indem eben die Glaubensüberzeugung vom Geschaffensein des Kosmos näher bedacht
wurde. Auch hier ging es zunächst einmal um die bleibende
Diesseitsbezogenheit des Glaubens. Wie er bei »ewigem
Leben« an das Leben wirklicher Menschen denkt, so ist beim
»Jenseits« an die Jenseitigkeit dieses unseres realen Kosmos
zu denken. Angesichts seiner objektiven Rätselhaftigkeit, seiner »eigenartigen« Fremdheit und bleibenden Undurchschaubarkeit für uns kann der darüber weiterreflektierende Glaube
sagen: Ich weiß, wovon ich spreche, was mit »dem Jenseits«,
»dem Himmel« und schließlich auch mit dem »Heil des Leiblichen« gemeint ist. An dergleichen zu glauben, das ist also
keineswegs ein schlechthin blindes und in keiner Weise verantwortbares Glauben, welches ohne jede Erdhaftung im Leeren schwebte. Nur blind und verantwortungslos erscheint der
Glaube an ein Jenseits des materiellen Diesseits nur jenen, die
meinen, die Wirklichkeit des Materiellen sei kein wirkliches
Rätsel, sein wahres Wesen lasse sich aufklären, es sei dem
menschlichen Geist prinzipiell durchsichtig wie Glas.

7. Unsichtbarerweise ist also für den Glaubenden, der weiß,
was er glaubt, »*der* Himmel«, »*das* himmlische Jenseits«, *in
dem* die Verstorbenen leben, näher, als man meint. Jedenfalls
nicht so fern und ganz anderswo, daß er mit unserem irdischen Kosmos nichts mehr zu tun hätte. (»Fern« genug, um
nur geglaubt werden zu können, ist er immer noch.) Denn der
Glaube bzw. die ihn durchdenkende Theologie hat nicht
weltflüchtig eine ganz andere Welt zu entwerfen, sondern
diese sichtbare Welt zu interpretieren, *ihr* Wesen gründlicher
zu verstehen und auszulegen. Dazu gibt sie selbst in ihrer Rätselhaftigkeit und Unbegreiflichkeit genügend Anlaß, im Großen wie im Kleinen. Diese Interpretation des Kosmos (die ja
insofern auch Selbstinterpretation, Selbstauslegung, Herme-
neutik des Glaubenden ist, als er mit seinem Leib ein Teil des
Kosmos ist) geht zwar über das Sichtbare an ihm hinaus, gilt
aber genau ihm. Und sie hält sich an das Gesetz *der* Analogie,
die für alle geschaffenen Dinge, also auch für Himmel und
Erde gilt: Daß sie alle, so verschieden, d. h. unähnlich sie
untereinander sein mögen, einander doch prinzipiell ähnlich,

verwandt sind. Und so sieht auch »*der* Himmel«, »*das* Jenseits« gewiß anders aus als die Erde. Er ist aber ebenso gewiß nicht etwas *ganz* anderes. Das wußten auch die Künstler, die diesen Himmel darstellten: irdischen Räumen oder Welten ähnlich und unähnlich zugleich. Anders, aber doch nicht *ganz* anders als das Diesseits.

8. Denken wir auch noch einmal zurück an »die Seele«. Die bekannte »platonische« Vorstellung und Redeweise, die Seele *wohne im* Leibe, ist sicher problematisch, unscharf. Ebenso die Redeweise, daß der Mensch eine Seele *habe*. Sie bringen aber immerhin die Erfahrung zum Ausdruck, daß »Seele« und »Leib« nicht einfachhin dasselbe und schlechthin identisch sind. »Leib *und* Seele«, das besagt jedenfalls (nun einmal ganz »prinzipiell« gesprochen): »Differenz«, ungeachtet ihrer »Einheit«/»Identität«, die damit keineswegs bestritten werden soll. Nun geht es dem Glauben an ewiges Leben und Jenseits um das »Heil«, um das »Bleiben«, um die »endgültige Vollendung« des Diesseits, kurz: um das, was man auch die »wahre Identität«, den »eigentlichen Sinn der Welt« nennt.

Diese »wahre Identität der Welt« müßte also so sein, daß in ihr auch jenes im Diesseits erfahrene Sowohl-als-auch von »Identität *und* Differenz« von »Seele« und »Leib«, von »Geist« und »Materie« vollendet wäre. So vollendet, daß auch *beider Eigenart* zu ihrer jeweils »wahren Identität« gelangte. Eben dies führt zu der hier vorgetragenen Sicht, nach der die Seelen der Verstorbenen *im* Himmel sind. »Die Seelen« sind nicht »der Himmel«, das heißt: »Differenz«. Sie sind aber *im* Himmel, das heißt: »Einheit« *mit* ihm, der der Raum ihres Lebens ist, der *für sie* da ist. So bleibend verwirklicht sich beider »wahre Identität«, beider eigenstes von Gott geschaffenes Wesen, beider »eigentlicher, letzter Sinn«.

5. KAPITEL
Was ist »himmlische Seligkeit«?

Worin besteht eigentlich die »ewige Seligkeit«? Was macht das eigentliche Wesen von »ewigem Leben« im »Jenseits« aus? Was soll das Beglückende daran sei? Auch diese Frage wäre noch zu verantworten. Und verantworten ist mehr als nur versichern und wiederholen, daß es so sei.

Mehr noch als in den vorangegangenen Kapiteln geht es hierbei um die eigentliche »Sache« des Glaubens bzw. des Geglaubten. Die Ausführungen zum Thema »Seele« und »leibliche Auferweckung/Auferstehung« sollten ja nur zeigen, daß und wieso Glauben an ewiges Leben und Jenseits nicht ohne Anhalt in der jetzigen, diesseitigen Erfahrungswirklichkeit ist; daß der Glaube bzw. das von ihm Gemeinte nicht einfach im Widerspruch zum Empirischen gedacht werden muß. Aber die eigentliche Sache, sozusagen das angezielte Ziel des Glaubens ist ja das Jenseits selbst, und zwar als »ewige Seligkeit«. (Dafür könnte man auch viele andere Begriffe einsetzen: Heil, Vollendung, Glück, Erlösung usw.) Daher die Frage: Was kann und soll denn am Jenseits so beseligend, so wünschenswert, so beglückend sein?

Man hört ja auch schon einmal: *Ewiges* Leben, das wäre ja fürchterlich, das wäre ja die reine Langeweile, und ähnliches. Ganz ernst muß man dergleichen zwar nicht nehmen, aber immerhin ist das doch eine Aufforderung zu sagen, was man sich bei solchen Worten wie Seligkeit, beseligende Schau (»visio beatifica«) u. ä. zu denken habe; bzw. auch, was man sich dabei nicht zu denken habe.

5.1 *Ganz* unvergleichlich?

Selbstverständlich ist bei allem, was dazu zu sagen ist, klar, daß wir uns diese Sache selbst nicht *wirklich* vorstellen können. Das ist auch gar nicht notwendig. Schon Paulus spricht von der *Unvergleichlichkeit* der himmlischen Herrlichkeit (Röm 8,18). Aber *ganz* unvergleichlich – »unvergleichlich« also ganz wörtlich genommen – kann das Jenseits nun doch wieder nicht sein. Denn dann hätte es eben mit uns gar nichts zu tun, es wäre etwas ganz und schlechthin Anderes und Neues. Und das ginge uns schlichtweg nichts an, es wäre für uns uninteressant. Es geht dem Glauben aber um unser *Heil* usw., kurz: um das selige Jenseits des Diesseits. So wirklich unvorstellbar und dem Diesseits *unähnlich* das Jenseits auch ist, so muß es ihm doch auch *ähnlich* gedacht werden. »Ähnlich« nämlich insofern, als die »himmlische Seligkeit« der *wesensmäßigen strukturellen Eigenart* unseres diesseitigen Menschseins, unseres wissend-wollenden Erkennens und Umgehens mit der Welt entsprechend zu denken wäre. Mag diese Struktur sich im Jenseits auch *anders* (nur »ähnlich«) *ver*wirklichen, so kann sie doch nicht eine *ganz andere* (*nur* »unähnlich«) sein. Denn dann wäre »himmlische Seligkeit« nicht Vollendung, sondern Vernichtung des Diesseits.

Klar ist natürlich, daß wir hier nicht nach einem sozusagen innersten Wesen von Seligkeit, von Seligsein selbst fragen, sondern nur nach den in gewissem Sinne mehr äußeren, objektiven Möglichkeitsbedingungen dafür. Seligsein, Glücklichsein kann ja ebenso wie Schmerz, Leiden an sich nur subjektiv erfahren, erlebt werden. Nur das jeweilige Ich fühlt sich selbst glücklich. Doch das »Ich selbst« ist eben schon im Diesseits kein solipsistisch wie ein Punkt existierendes »Ich selbst«, sondern existiert gleichsam als ein elliptisches Feld. Und so wird auch jenseitiges Seligsein dem diesseitigen auch insofern ähnlich und unähnlich zugleich zu denken sein.

Ganz und *schlechthin* »unähnlich« bleibt hingegen Gott. Das 4. Laterankonzil von 1215 formuliert es so, daß im Verhältnis zwischen dem Schöpfergott und seiner Schöpfung in

aller Ähnlichkeit (»similitudo«) die Unähnlichkeit *noch* größer ist (»*maior* dissimilitudo«). Das heißt: Im Verhältnis *der
Geschöpfe untereinander* (schematisch dargestellt: in der
Horizontalen) ist es so, daß alle Geschöpfe einander sowohl
ähnlich als auch unähnlich sind. (Dabei ist es gleich, ob wir
nur an Diesseitiges denken oder auch an das Jenseits. Auch es
ist ja *geschaffene* Wirklichkeit.) Alle sind somit miteinander
vergleichbar. So sehr dabei im einzelnen mehr Ähnlichkeit
oder mehr Unähnlichkeit gegeben ist (schon »Ähnlichkeit«
bedeutet ja auch: »*nur* ähnlich«, also auch schon »unähnlich«), zumindest darin sind sie einander »ähnlich«, daß sie
überhaupt sind, existieren. Im Verhältnis der *Geschöpfe zu
Gott* hingegen (schematisch dargestellt: in der rein *vertikalen*
Richtung) ist es so, daß hier von nur unähnlich und doch ähnlich nicht die Rede sein kann. Hier ist die Unähnlichkeit noch
größer (»*maior* dissimilitudo«). D. h. Gott ist *gar* nicht mit
irgendeinem geschaffenen Etwas wirklich zu vergleichen. Er
fällt gewissermaßen nicht in den Rahmen, den das Gesetz der
»Analogie des Seins« absteckt, daß nämlich alles mit allem
irgendwie verglichen werden kann, und sei es auch nur noch
unter dem Gesichtspunkt des Existierens, des Seins, des
Daseins. Gott selbst ist *ganz anders*; er ist nochmals *über*
allem und somit *schlechthin und ganz unvergleichlich.* Mit
einem Wort: un-endlich. (Was *Theologie* im eigentlichen Sinne des Wortes, nämlich als Lehre von *Gott*, noch zu sagen hätte, das ist ein weiteres Problem. Dazu s. vorläufig Verf.,
Schmerz und Menschenwürde. Das Böse in der abendländischen Philosophie, Würzburg 2001, Anhang.) – Das ist theologisch-dogmatische *Lehre.* Aber das weiß irgendwie auch
schon der Glaubende. Und es ist entscheidend, dies mitzube-
denken, wenn es um die Frage geht, was denn eigentlich das
Wesen *unserer* himmlischen Seligkeit ausmachen werde. Sie
kann dem, was im Diesseits Seligkeit, Glück, Heil oder so
ähnlich heißt, nicht *ganz* unähnlich, also *ganz* unvergleichlich sein.

5.2 Gott begegnen? Zur Gottsüchtigkeit der Theologie

Soll über das eigentliche, beseligende, beglückende Wesen des Jenseits etwas gesagt werden, dann ist auch dazu vom *Glauben* auszugehen. Also davon, was der Glaube eigentlich will und meint. Andersherum gesagt: Es geht nicht darum, ein bestimmtes theologisches System oder Schema zu wiederholen. Natürlich hat auch Theologie mit dem Glauben zu tun, sie ist ja Nachdenken, Reflexion über ihn. Und umgekehrt sind die Weisen, wie sich der Glaube artikuliert, immer auch schon von theologischer Reflexion beeinflußt, mitgeformt. Das hat auch seinen guten Sinn, und auch das hier Vorgetragene ist ja Theologie. Faktisch ist es freilich im Laufe der Theologiegeschichte dahingekommen, daß die Reflexionen der Theologie – zumindest oft von ihren eigenen Vertretern – schon für die eigentliche »Sache« des *Glaubens* genommen wurden. Demgegenüber ist – auch und gerade in unserer Frage – sozusagen der Primat des einfachen Glaubens gegenüber der Theologie festzuhalten. Das heißt hier, um sogleich auf den entscheidenden Punkt zu kommen: Die Theologen antworten zumeist, das eigentlich Beseligende im Jenseits sei eben die endgültige *Begegnung mit Gott*, ein persönliches Gegenüber zu ihm, Gemeinschaft mit ihm. (So *reden* natürlich dann auch viele Gläubige.) Und das sei eben beseligend, *die* Seligkeit.

Ich denke, das ist bloße Theorie. Dem normalen *Glaubenden* geht es gar nicht um Gott selbst. Er will nicht zu Gott, um ihm endlich zu begegnen. (Gott, der Un-endliche, ist ohnehin allem Endlichen immer und ewig zugegen.) Er will »in den Himmel«. »Der Himmel«, das ist aber nicht Gott selbst. Gott ist nicht der Himmel, und Gott ist auch nicht *im* Himmel. Gott ist der *Schöpfer* des Himmels, wie schon der Schöpfer der Welt.

»Himmel«, »in den Himmel«, das ist es, was der Glaube will und meint; eben »ewiges Leben im Jenseits« – und das soll »Seligkeit« sein. Selbstverständlich ist dem Glauben, daß dabei Gott im Spiel ist. Daß er der Schöpfer von allem, von

Himmel und Erde, von Diesseits und Jenseits ist. Daß er somit auch der letzte Grund himmlischer Seligkeit ist. Daß dieses Jenseits und seine Seligkeit »Gnade« ist. Doch das ändert nichts daran, daß eigentlicher Gegenstand und Ziel des *Glaubens* das Heil, die Seligkeit, das Jenseits des Diesseits ist, nicht Gott selbst.

Es ist im übrigen gar keine Ehrabschneidung Gottes zu sagen: So gottsüchtig, endlich *ihm* begegnen zu wollen, ist der Glaube gar nicht; so gottsüchtig ist nur die Theologie, die sich gewissermaßen verselbständigt hat; die den Kontakt zum wirklichen Glauben der Gläubigen verloren hat. Es ist keine Ehrabschneidung Gottes, sondern im Gegenteil nur ein Ernstmachen damit, daß Gott als »die Liebe« bezeichnet wird. Und Liebe heißt doch bekanntlich, daß es dem Liebenden gerade nicht um sich selbst geht, sondern um den Geliebten. Dies darf der Glaube geradezu beim Wort nehmen. Und deshalb darf und soll er – wie gesagt, selbstverständlich auch darum wissend, daß alles von und durch und in Gott ist – an die Seligkeit des himmlischen Jenseits glauben. Sie ist also als die Vollendung des *Glaubens*, als die bleibende Verwirklichung dessen, was der Glaube meint, zu denken.

Das Jenseits als eine beseligende *Begegnung* des Menschen mit Gott zu denken, das halte ich schlicht für verfehlt und irreführend. Gott zu begegnen, ihm persönlich gegenüberzustehen u. ä., solche Worte – die doch einen bestimmten Sinn an sich haben – machen aus dem unendlichen Gott wieder ein endliches Gegenüber. Sie taugen nicht einmal als Bilder. Erst recht verfehlt ist es, wenn – wie heute modern – von *Dialog* geredet wird, als wäre Gott ein Partner des Menschen. Das ist er weder auf Erden noch im Himmel. Wer ernsthaft an eine personale, persönliche Begegnung, an Dialog usf. denken will, der frage sich nur einmal: Was sollte da eigentlich besprochen werden? Und wie? Was Gott zu sagen hat, das ist doch gesagt! »Gesagt« nämlich mit der Schöpfung, die nun, so, wie er sie wollte und will, vom Menschen erkannt und erlebt wird in ihrer vollendeten Wirklichkeit. Erkannt und erlebt auch in ihrer letzten Unbegreiflichkeit *als seine* Welt, als die sie sich auch selbst erkennt. Mehr gibt es einfach nicht zu sagen, als mit der Welt, die sein »Wort« ist, gesagt ist und bleibt.

Auch die Idee vollendeter, beseligender *Liebe* zu Gott geht an der Sache vorbei. Genaugenommen ist sie sogar »unmöglich«. Denn wie sollen wir Gott überhaupt lieben, vorausgesetzt, dieser Begriff »lieben« habe einen einigermaßen eindeutigen Sinn und werde nicht nur gedankenlos gebraucht. »Liebe« (»caritas«, »amor benevolentiae«) wäre, *erstens*, Wohlwollen einem anderen gegenüber. So liebt Gott die Welt, uns. Nach Thomas von Aquin ist die intensivste Weise von Liebe die des Schaffens, des Seingebens und Selbstseinlassens des Anderen. Das heißt, als uns schaffend *ist* Gott *die* Liebe, *das* Wohlwollen. Daß hingegen *wir* Gott wohlwollen, ihn in diesem Sinne lieben, ihm also etwas geben sollten, das wäre doch wohl ein reichlich seltsamer Gedanke. Nimmt man, *zweitens*, »lieben« im Sinne von begehren (»amor cupiditatis«), so ergibt sich ebenfalls, daß wir Gott nicht *wirklich* (nicht nur verbal, mit frommen Worten!) lieben können, noch müssen; weder im Diesseits noch im Jenseits. Denn wie sollen wir etwas wirklich begehren, was gar kein Etwas ist, was in keiner Weise gedacht und vorgestellt werden kann? Und im Himmel ist erst recht nichts zu begehren, sonst wäre das Leben in ihm nicht Vollendung, es wäre schlicht defizitär. (Wenn Theologen von ewig beseligendem Begehren usw. reden, so ist das einfach Wortspielerei.)

Wie Gott selbst schon für den Glauben an ewiges Leben und Jenseits selbstverständlich der »eigentliche«, »un-endliche Grund von allem« ist, eins also (nicht identisch!) *mit* allem *in* seinem Allesschaffen – *dies ist* seine »unio cum homine« (Lumen gentium 1,1); und eine noch andere Einheit des Unendlichen mit seiner Schöpfung, als die, die sein Schaffen = *sein* Lieben *ist,* ist gar nicht denkbar! –, so ist es auch für das Jenseits zu denken: Gott selbst ist der »Grund« der Seligkeit. Von ihm kommt, er ist das Licht, aber er erscheint nicht, er »präsentiert« sich nicht. Daß er der »Grund« des Lichtes und aller Seligkeit ist, das erfahren, erleben, wissen die Seligen unmittelbar, aber sie schauen nicht in *ihn* hinein und brauchen es auch nicht. Sie *wissen* gleichsam intuitiv um ihn, ineins damit, daß sie die vollendet gewordene Wirklichkeit schauen und erleben. So *wissen* sie auch um die Abgründigkeit ihres Schöpfers. Aber in sie hineinzuschauen, das hieße geradezu, ihm selbst zu nahe zu treten, hieße, das unendliche Über seines ganz anderen Wesens – das ja auch sein ewiges Leiden an seiner Welt um ihretwillen ist – endlich zu lüften und zu begreifen. An ein solches sogenanntes »persönliches, dialogisches Gegenüber« zu denken, das vergäße auch, was mit »Person«/»persönlich« auch gemeint ist: wirkliche Andersheit, in die nicht schamlos einzudringen ist; bzw. die nur schamlos sich selbst »präsentierte«.

5.3 Beglückendes Mit-ein-ander

1. Für »Seligkeit« sagen wir zunächst einmal »Glück« und fragen: Was ist das Wesen des Glücks? Das Glück ist nicht etwas an sich; es ist keine vorliegende Sache, die man ergreifen und so besitzen kann. »Das Glück«, das ist nicht ein einfacher Begriff, so wie der Begriff »Stein« für den Stein stehen soll. »Das Glück«, das ist ein komplexer Inbegriff, ein Reflexionsbegriff, der, sprachlich freilich schon objektivierend, einen Vorgang, ein Erleben, eine Erfahrung anvisiert. Zur Erfahrung des Glücks gehören aber der Erfahrende und das ihn Beglückende (was auch immer das nun sei), das ihm begegnet, ihm sozusagen zufällt, sich ihm mitteilt. Das ihm begegnende Andere ist nicht von ihm selbst gemacht. Als ihn Beglückendes ist es, um mit Platon (Symposion) zu sprechen, das Schöne, das ihm erscheint. Und zwar so erscheint, daß er nur noch mit ihm sein und bleiben, es gleichsam besitzen möchte; weil nämlich im Glanz des Schönen sein eigenes Leben zwanglos gelingen würde, gut wäre und er so gerne leben würde. Das Schöne ist also die als beglückend erfahrene Gegenwart des Guten. Und »das Glück« ist diese lebendige Erfahrung des schönen, beglückenden Mit-ein-anders.

Nach Aristoteles wollen *alle* Menschen das Glück. Nach Hegel hat das Buch der Weltgeschichte für Glück *nur leere Seiten.* Die Wahrheit dürfte in der Mitte liegen. Auch das nur zeitliche, vergängliche Glück, das Glück des schönen Augenblicks ist wirklich. Gäbe es dergleichen gar nicht, so müßte auch die Rede von himmlischer Seligkeit ein nichtssagendes Wort bleiben. Was aber von ihr, bei aller Unvorstellbarkeit im einzelnen zu sagen wäre, das müßte dem ähnlich, strukturell dem gleich sein, was im Diesseits »das Glück« heißt.

2. Gott selbst ist der unendlich bleibende, in gewissem Sinne *äußere* Grund himmlischer Seligkeit. Was aber ist deren eigenes Wesen? Ihre innere Begründetheit? Die Sache, an der sich die Seligkeit entzündet, aus der sie sozusagen sich ergibt? Selig sind gewiß die Seligen. Doch das kann ja nicht nur ein rein individualistisches Seligsein in sich selbst und für sich selbst sein. Bezeichnet man Seligkeit als beseligtes *Schauen* (*wie* solches Schauen im Jenseits »gehen« soll, darüber braucht man sich nun wirklich nicht den Kopf zu zerbrechen!), dann muß es eben etwas zu schauen geben. Ganz dem entsprechend, daß unser diesseitiges Glauben nicht nur gegenstandsloses, inhaltsloses Glaubenwollen, sondern auch Wissen ist, *was* es eben glauben will.

Was es im Jenseits zu schauen und zu er-leben gibt, das ist die jeden Schauenden einbegreifende und einschließende verwirklichte Vollendung der Welt. Sie aber ist die er-lebte Einheit aller mit allen. Die »Einheit« ist konkret: Übereinstimmung, Friede, Gemeinschaft, gelebte und erlebte communio: »unio totius humani generis«, wie die Kirchenkonstitution Lumen gentium (1,1) des Vatikanum II. in aller Kürze formuliert. (»Unio«, die im Diesseits zwar auch schon, aber eben stets nur partiell, zeitlich vergänglich, gefährdet und auch schmerzlich zerbrechend zu erfahren ist.)

Diese Einheit aller mit allen, aller bleibendes Mit-ein-ander ist so beseligend wie erstaunlich. Zu ihr gehören ja *alle*. Alle und jeder so, wie er in der diesseitigen Welt gewesen und geworden ist. So, wie und zu »was« er geworden ist: Geworden sowohl mehr im aktivischen Sinne, nämlich in dem Sinne, was er »aus sich gemacht hat«. Geworden aber auch im passivischen Sinne, nämlich in dem Sinne, was »man«, was seine jeweilige geschichtliche Welt aus ihm gemacht hat. (S. o. 3. Kapitel 2.4) Jeder ist ja und lebt sozusagen als die erinnerte »Summe«, als das »Ganze« seines irdischen, diesseiti-

130

gen Lebens. So und dazu, daß dieses sein Ganzes dann ewig lebe, war und ist er ja von Gott geschaffen: *sein* Ganzes *mit* allen anderen.

3. Jeder so und als der, der er geworden ist, von Gott geschaffen, von ihm gewollt, nämlich als wert gewollt, ewig zu bleiben. Ein biblisches Bild sagt: In einem Hauswesen gibt es verschiedene Gefäße, solche aus Ton, solche aus Silber, solche aus Gold (2 Tim 2,20). Gott ist *aller* »Gefäße« Schöpfer. Wir bewerten, in der Sicht des Diesseits, die einen »Gefäße« als wertvoller als die anderen. Von manchen sagen wir oft sogar: Unsere Welt wäre sicher besser, wenn es sie nicht gäbe. Das ist unser menschliches Urteil, und es hat auch sein vorläufiges, irdisches und als solches notwendiges Recht; es sind eben nicht alle gleich und gleich gut. Doch unser Urteilen hat auch »nur vor-läufig« zu bleiben, so schwer uns dies oft fallen mag. Das eigentliche »endgültige Urteil« ist allein Gottes.

Und »sein Urteil« ist sein (uns selbstverständlich unbegreifliches) Schaffen. Sein Schaffen, sein Wollen der Welt ist aber eines, nämlich liebendes Schaffen von allem, von Diesseits und Jenseits, von Zeit und Ewigkeit, von »Vorläufigem« und »Vollendetem«. Für ihn, der selbst »unveränderlich« ist und dies auch als Schöpfer seiner Welt ist, ist jeder, ist jedes »Gefäß« sozusagen unendlich wertvoll, unwiderruflich geschaffen dazu, »Teil« der vollendeten Welt zu werden und so ewig zu leben. Da gibt es somit »im Himmel« Ton, Silber und Gold. Es gibt Große und Kleine, Gute und weniger Gute, »Heilige« und »weniger Heilige«. Daß Gott eine solche Welt wollte und will, eine Welt, in deren Diesseits es deshalb auch böse zuging, unendlich viel Schmerz gab – darum wissen auch die Seligen noch; aber es tut nicht mehr aktuell weh –, das ist und bleibt seine Sache: im Himmel wie auf Erden. Für die Seligen ist das auch kein »echtes, existentielles Problem« (mehr). Als ein solches behält Gott es sozusagen für sich, ist es nur noch »sein Problem«. Er »sagt« nur: Seid glücklich – was geht es euch an, wie ich euch liebe? Und dieses »Sagen« *ist* ja sein Schaffen der himmlischen Seligkeit des beglückenden Miteinanders aller mit allen.

Himmlische Seligkeit ist somit nichts Geringeres als Erleben dieses Mit-ein-ander-sein-Dürfens. Erstaunlich ist für alle und so für jeden selbst, daß jeder dazugehört, als der und mit allem, was er war und geworden ist; so also, wie er sich nun als von Gott gewollt und geschaffen er-lebt und weiß. Das Jenseits ist gleichsam ein vollendetes Puzzle. Ein Puzzle, das aus den vielen Teilen besteht, die im Diesseits geworden sind. »Puzzle«, das ist natürlich nicht so gemeint, als ob das Jenseits ein bloßes statisches Dasein wäre. Sondern so, daß alle mit-ein-ander leben, ohne einander Raum streitig zu machen. Daß jeder jeden erkennt als sein Glück.

Jeder, »groß« wie »klein«, erkennt auch sich selbst, weiß sich als den, der, so wie er geworden ist, von Gott gewollt ist und als dieser von ihm geliebt ist. Von ihm geliebt trotz des Bösen, der Schmerzen anderer, die er mit seinem eigenen Wollen im Diesseits verursachte; all jener Schmerzen also, die für ihn wie für die anderen auch, *nur* noch Erinnerung sind (nicht einfach vergessen), die indes für Gott, dem alles gegenwärtig war und bleibt, der ewige Preis seines Jas zu eben dieser Welt bleiben. Ton, Silber und Gold, sie erkennen sich als das, was sie sind: jeder zum Ganzen der vollendeten Wirklichkeit gehörend, gehören dürfend. Und dies zu er-leben ist der Grund ihrer Seligkeit, ihrer Freude, ihres seligen Lebens.

Leben ist, ganz formal-abstrakt gesehen, Verwirklichung von Identität und Differenz, Einheit und Vielheit. Endgültiges, ewiges Leben ist beider intensivste, konzentrierteste Verwirklichung: Identität und Differenz, Einheit und Vielheit in vollendeter, bleibender Verdichtung. Weder erschöpfter Ineinanderfall, noch Auseinanderfall. Intensivstes Leben und Erleben für jeden selbst: in seinem Übereinstimmen von Identität und Differenz des eigenen Seins und Wesens. Intensivstes Leben und Erleben aller: in ihrer Vieleinheit, deren Zusammen kein Gegeneinander mehr ist, sondern eben Mit- und Zueinander. Dies zu er-leben, er-leben zu *dürfen*, weil ganz umsonst gegeben/geschaffen von Gott, beseligt und beglückt. Es ist auch, wenn man so sagen darf, Gegenstand von Gottes unendlicher, indes von ihm selbst ewig teuer bezahlter Seligkeit. (Dazu s. Verf., Schmerz und Menschenwürde. Das Böse in der abendländischen Philosophie, Würzburg 2001, 273–277.)

In einem anderen biblischen Bild wird die Vollendung der Welt so dargestellt, daß Lamm und Wolf friedlich beieinander ruhen, daß das Kind sorglos an der Höhle der giftigen Otter spielt. (S. Jes 11,6–8; 65,26. Wir können es hier auf sich beruhen lassen, daß für die jüdische Apokalyptik, die sich offenbar auch in prophetisches Schrifttum Eingang verschaffte, die vollendete, paradiesische Welt, der neue Äon, nicht ein wirkliches *Jenseits* war, sondern die gradlinige Verlängerung des Diesseits; seine *irdische* Neugestaltung durch Gott zu einem »Paradies auf Erden«. Es wird ja auch dann noch gestorben, aber das Sterben wird ohne Schmerz und Leid sein [Jes 65,20].) Lamm und Wolf, Kind und Otter im ungefährdeten Mit-ein-ander. Nur Bilder zwar, doch sie enthalten auch das eigentlich Staunenswerte und überraschend Wunderbare himmlischer Seligkeit: Das Lamm fürchtet nicht mehr den Wolf, und der Wolf muß kein Lamm mehr reißen. Nicht als ob sie nicht mehr Lamm und Wolf wären! Nicht als ob das Jenseits nicht das Jenseits des Diesseits wäre! So böse für das Lamm der Wolf auf Erden war und so hungrig der Wolf auf sein Fleisch, diese Angst und Sorge gehört der (nur noch erinnerten) Vergangenheit an.

4. »*Erinnerte* Vergangenheit« kann aber nicht deren Verklärung sein! Als ob böser Schmerz nun guttäte; als ob Gewalt nun sanft erschiene. Nein, alles war, wie es war und bleibt so erinnert. Aber das unableitbare Neue ist eben nun auch wirklich: das beseligende Mit-ein-ander-Sein und Mit-ein-ander-leben-Dürfen, ohne Angst und ohne Scham voreinander. Das Lamm versteht den Wolf, der Wolf versteht das Lamm. Verstehen ist nicht nachträgliches Billigen, für gut oder auch nur gleichgültig Befinden, gar als notwendig Rechtfertigen. Was unbegreiflich war, bleibt es auch jetzt als nur noch Erinnertes, Gutes wie Böses.

Zum wirklichen, ewig aktuellen Bleiben geschaffen ist aber das Gute, das beide, Lamm wie Wolf, nun er-leben in ihrem Mit-ein-ander; beide sich wohl auch freudig überrascht wundernd, daß das Gewesene sich so vollenden würde.

5.4 Vollendung des Glaubens

Das himmlische Jenseits ist für den Glauben das Jenseits des *Diesseits*: Das Diesseits also, nur anders er-lebt, ohne Schmerz und Leiden er-lebt in einem uneingeschränkten Ja zur Welt, die und wie Gott sie (seltsamer-, unbegreiflicherweise) nun einmal ewig wollte und will; unbedingt und ohne irgendeinen Abfall, an dem sein schöpferisches Wesen sich als vergebene Liebesmüh erwiese.

Zu denken bleibt das himmlische Jenseits daher als ähnlich-unähnliche Vollendung des *Glaubens*: Glauben verwandelt sich in Schauen, und das irdisch nur erst Geglaubte, jetzt Geschaute, *ist* die vollendete Welt. Geglaubt war aber ein gleichsam dreifaches Mysterium: Unbegreiflich = mysteriös ist und bleibt Gott selbst. Unbegreiflich = mysteriös ist und bleibt sein schöpferisches Weltwollen, sein ewiges liebend-schaffendes Ja zu seiner Welt. Unbegreiflich = mysteriös ist und bleibt die Welt selbst *als* von ihm geschaffene. Dieses eine/dreifache Mysterium des Glaubens, das im Diesseits nur erst sozusagen abstrakt (wenngleich nicht willkürlich-grundlos) behauptet, eben nur geglaubt werden konnte, es im Jenseits zu »schauen«, das kann somit auch nicht seine begreifende Auflösung sein – so wie die Lösung eines Rätsels dessen Rätselhaftigkeit zum Verschwinden bringt. Schauen im Jenseits ist vielmehr intensiveres, nicht nur wie im Diesseits abstrakt-geistiges Wahrnehmen und Für-wahr-Haltenwollen. Es ist »Realisieren«, Er-leben des Unbegreiflichen als solchen: Er-leben der vollendet gewordenen Welt in unaufhörlichem Staunen und Sichwundern ob ihrer Unbegreiflichkeit, ob ihrer Ein-Vielfältigkeit, ob ihres Lebendürfens, mit dem sie Bild und Ausdruck Seiner unbegreiflichen göttlichen Freiheit, Seines selbstlosen Liebens ist. Freudig-staunendes Erleben, daß das (horizontale) Mit-ein-ander wirklich »Ausdruck«, »Sakrament« des (vertikalen) schöpferisch-liebenden Wesens Gottes, Seines Mit-der-Welt-Seins (dazu Verf., Gott in Welt. Umrisse christlicher Gotteslehre, St. Ottilien 1988) ist.

6. KAPITEL
Nachträgliche Überlegungen zum Schlagwort »Mit dem Tode ist alles aus!«

Schlagwörter leben von Vereinfachung. Was sie behaupten, ist nicht schlechthin falsch. Sonst taugten sie nicht. Nur dann können sie auf Zustimmung rechnen, wenn sie einer Erfahrung entsprechen, die als selbstverständlich und unwiderleglich gilt. Diese Erfahrung oder Überzeugung ist der Punkt, wo sie anknüpfen. Ihre Selbstverständlichkeit soll auch dem Schlagwort Evidenz verleihen. Aber das Schlagwort, um das es hier geht, will noch mehr. Es will nicht nur das Selbstverständliche wiederholen. Das Selbstverständliche und Bekannte, das ist hier die Erfahrung, daß die Toten tot sind; daß sie selbst nicht mehr zum Diesseits, zur Welt der noch Lebenden gehören; daß wir von ihnen keine Kunde haben; daß wir über sie nicht so Bescheid wissen, wie wir wissen, daß wir jetzt leben oder daß die Erde eine Kugel ist. An diese allgemeine, zumindest heute unstrittige Erfahrung knüpft das Schlagwort »Mit dem Tode ist alles aus!« an. Damit sagt es aber auch mehr. Es sagt nicht nur: Was mit den Toten ist, das können *wir* nicht sicher wissen. Es sagt darüber hinaus: Mit dem Tode, mit den *Toten* ist alles aus! Jede Annahme, jede Vorstellung von einem Jenseits ist gegenstandslos, falsch, eine Illusion, ein Irrtum. Wirklich ist nur das Diesseits, das sind nur wir, die wir noch leben.

Läßt sich der Satz »Mit dem Tode ist alles aus!«, so verstanden und nicht nur als Eingeständnis des Nichtwissens von einem Jenseits, verantworten? Wir prüfen ihn zunächst (6.1) darauf hin, ob er wirklich eine sinnvolle, vernünftige Aussage darstellt, ob er eine Information enthält; bzw. ob er überhaupt eine solche Information enthalten kann. Es wird sich zeigen, daß er schon in dieser Hinsicht mehr als problematisch, ja, eigentlich unvernünftig ist.

Dann (6.2) bedenken wir die, wie wir sagen könnten, mehr praktische Seite dieses Schlagwortes. Wie gesagt, knüpft ein Schlagwort ja an Bekanntes, Selbstverständliches an – um es sogleich zu vereinfachen und zu verstärken. Das heißt dann hier: Wirklich, lebendig ist *nur* das Diesseits, und dieses Diesseits, unsere Welt im ganzen, sie ist eben nur so, wie sie ist; sie ist, mit Nietzsche gesprochen, ein großes, gleichgültiges Umsonst. »Gleichgültig«, das heißt aber: weder gut noch böse, nur Natur, in sich selbst ohne wirklich objektiven, inneren Wert. Läßt sich damit wirklich leben? Bestätigt das *wirkliche* Leben diese theoretische Weltanschauung, die in dem Schlagwort »Mit dem Tode ist alles aus!« an sich enthalten ist? Oder steht nicht die *wirkliche* Praxis geradezu im Widerspruch zu ihr? Die wirkliche Praxis, die eben immer auch ein Glauben, ein Überzeugtsein ist?

Schließlich wollen wir im letzten Abschnitt (6.3) den »guten Atheisten« selbst zu Wort kommen lassen. Was er zu sagen hat, das kann nochmals daran erinnern (s. a. 5.4): *So einfach* ist ein Verantworten des *Glaubens* auch wieder nicht, als ob mit Glauben das Rätsel dieser Welt aufzulösen wäre, wie Nebel im Licht der Sonne sich auflöst.

6.1 Undenkbarkeit des »Mit dem Tode ist alles aus!«

Nehmen wir einmal an, mit jenem Schlagwort solle wirklich ein Jenseits bestritten werden. Direkt, gleichsam durch Augenschein läßt sich die Nichtwirklichkeit eines Jenseits ohnehin nicht beweisen. Denn das »Jenseits«, und das wären die Toten, ist sozusagen »per definitionem« das Andere, das Unsichtbare, das nicht Beweisbare. Dennoch bestreitet das Schlagwort »Mit dem Tode ist alles aus!« die Wirklichkeit eines Jenseits, die Wirklichkeit der Toten. Wer sich dieses Schlagwort so zu eigen macht, also über ein Jenseits, über die Toten selbst spricht, der verstrickt sich freilich in eine seltsame Situation, in eine ausweglose Aporie.

Der Satz »Mit dem Tode ist alles aus!« soll ja ein Gedanke sein, er soll etwas besagen, einen Inhalt haben. Wirklich denken läßt er sich aber nicht, jedenfalls dann nicht, wenn man ihm einen konkreten Inhalt gibt. Zunächst hält sich dieser Satz freilich noch im Ungefähren und Allgemeinen. Und so kann man ihn hinnehmen als Ausdruck der allgemeinen Erfahrung und Überzeugung, daß die Toten uns in der Welt nicht mehr begegnen, hier nicht mehr wirklich sind. Doch so sagt er auch nur etwas über uns und unsere Welt. Anders wird es, wenn er ernsthaft etwas über die Toten selbst sagen wollte. Mit »den Toten« ist ja nicht irgendetwas gemeint. »Die Toten«, das waren, bzw. sind noch konkrete Menschen. Menschen aus Fleisch und Blut, sichtbare Individuen. Von ihnen, sowohl von allen als auch von jedem einzelnen, soll gelten: Mit dem Tode ist alles aus! *Sie* sind nicht mehr wirklich! (Daß ihre sogenannten sterblichen Überreste noch wirklich sind, ist unstrittig; um sie geht es jetzt nicht.) »*Sie, alle* sind nicht mehr«, das mag auch noch im Ungefähren, Allgemeinen bleiben. Aber wenn es zutreffen soll, dann trifft es auch von A und B und C usw. zu. Und wenn der Satz »Mit dem Tode ist alles aus!« ein wirklich denkbarer Satz sein sollte, dann müßte er wirklich denkbar sein auch im Hinblick auf A oder B oder C. Auf einen einzelnen Menschen hin konkretisiert, wird der Satz »Mit dem Tode ist alles aus!« aber undenkbar. Er lautet ja jetzt: »Mit A oder B oder C usw. ist alles aus! A oder B oder C ist nicht mehr wirklich.« Natürlich kann ich das *sagen*. Ich kann das auch überzeugt sagen. Aber wirklich denken kann ich das nicht. Es bleibt bei einem bloßen Sagen von Undenkbarem.

Denn sobald ich nicht nur etwas *sagen*, sondern *etwas* sagen will, nämlich daß *mit A* alles aus sei, daß *er* nicht mehr wirklich sei, muß ich erst einmal A denken. Und zwar muß ich A dabei als wirklich denken. Auch wenn das kein lebendiges Erinnerungsbild an den noch lebenden A sein muß, auf jeden Fall wird ein wirklicher A gedacht. In meinem Geiste ist er wirklich, und sei es auch nur schattenhaft oder nur noch als Nummer oder eben als A. Ohne an etwas Wirkliches zu denken, würde ich eben gar nicht denken, oder jedenfalls nicht an A denken, um den es hier gehen soll. Auch von *ihm* soll ja der Satz »Mit dem Tode ist alles aus! Er ist nicht mehr wirklich!« gelten.

Wie aber nun soll ich A, wenn ich ihn doch als wirklich denke, zugleich sozusagen denkend ins Nichts befördern? Wie soll ich, entsprechend dem Satz »A ist nicht wirklich«,

137

sein Nichtsein denken, wenn ich dabei doch auch sein (und sei es auch nur irgendwie schattenhaftes) Wirklichsein denken muß. Ohne letzteres würde ich ja niemanden im Kopf haben, von dem das »aus«, das »ist nicht wirklich« gelten soll, das ich doch sage, behaupte. Kurz: Das Nichtsein von etwas, hier von A, kann ich gar nicht wirklich denken. Ich kann nur eines, nämlich nicht an A denken. Aber A als nicht-seiend denken, das geht gar nicht.

Damit soll nicht gesagt sein, also bleibt nur übrig, daß A doch wirklich ist. Darum geht es hier gar nicht. Hier ging es nur darum, daß mit dem Satz »Mit dem Tode ist alles aus!«, wenn ich ihn als Aussage über die oder einen *wirklichen* Toten nehme, ihn also konkretisiere, etwas gar nicht Denkbares, etwas Undenkbares behauptet wird. Daß er etwas sagt, was selbst gar nicht wirklich denkbar, also eigentlich gar nicht verantwortbar ist. Natürlich kann man diesen Satz *sagen*. Man kann ihn auch in dem Sinne hinnehmen, daß er lediglich das sagt, was ohnehin unstrittig ist, daß nämlich die Toten tot und nicht mehr in unserer Welt sind. Aber das ist und bleibt eben nur eine unstrittige, triviale Aussage. Darüber hinaus aber, als Aussage über die Toten selbst genommen und so beim Wort genommen, sagt er gar nichts, was sich wirklich denken ließe. So gesehen wäre er geradezu gedankenloses Gerede. Ihm könnte das »O si tacuisses!« gelten.

Es ist ja schon eine seltsame, bemerkenswerte Sache, daß unser Geist zu einem wirklichen, totalen Nichts nicht hinlangt. Das relative Nicht: nicht dieses, sondern jenes, nicht so, sondern anders, ist ihm bekannt. Aber ein absolutes Nicht oder gar Nichts ist nicht denkbar. Nur approximativ, indem ich alles Vorstellbare, Denkbare abtue, es nicht denke – so daß am Ende nur noch ich selbst übrig bleibe. Aber mich selbst kann ich nicht wegdenken. Auch wenn ich von mir abstrahieren will, bleibt dieses Abstrahieren- und Abstrahierenwollen. So führt kein noch so geistreiches Denken wirklich ins Nichts, allem Gerede zum Trotz, das ja dann auch bezeichnenderweise den Modus des Irrealis annimmt.

Man mag das so erklären, daß auch Geist seinen Ursprung im Sein, im Materiellen hat, das eben ist. Doch Geist ist, wie es auch mit seinem »Ursprung« bestellt sein mag, nun doch mehr als nur Materie, wenn anders er selbst auch über sie und darüber hinaus auch noch über sich selbst nachdenken kann. Doch auch in dieser seiner über-materiellen Eigenart vermag er ein Nichts (und das ist eben noch weniger als ein noch so klein gedachtes Nicht-dieses!) nicht zu denken. Vor dem Nichts behauptet das Sein uneinholbar seinen Vorsprung.

6.2 »Nur das Diesseits ist wirklich, ein Jenseits gibt es nicht!«

Lassen wir aber nun die Behauptung »Mit dem Tode ist alles aus!« insoweit auf sich beruhen, als sie wirklich etwas über die Toten selbst zu sagen vorgibt. Das bleibt vorlautes, inkonsistentes Gerede. Es gibt vor, etwas zu denken, was gar nicht gedacht werden kann – wenn anders Denken doch wohl mehr sein will als Nichtdenken. Es bleibt aber das *Sagen*, das Behaupten. Und wer sagt, mit dem Tode sei alles aus, meint in Wirklichkeit wohl dies: Es gibt *nur* das Diesseits, diese unsere Welt, in der wir leben, diese Natur, diesen Kosmos, dieses Universum und uns irgendwo in ihm.

6.2.1 Zuviel behauptet

Daß auch dies eine, zunächst einmal strenggenommen, unbegründbare und somit eigentlich unverantwortliche Behauptung ist, liegt auf der Hand. Wie sollte bewiesen, begründet oder auch nur wahrscheinlich gemacht werden, daß es *nur* diese unsere Welt – so groß wir sie uns auch immer vorstellen oder denken mögen – gibt? Wer es behauptet, redet wie jemand, der auf einem objektiven Standpunkt außerhalb der Welt steht und von dorther feststellt: Es gibt (außer mir) nur diese Welt. In Wirklichkeit gibt es für keinen Menschen diesen Standpunkt jenseits der Welt. Somit kann der Satz »Es gibt *nur* diese Welt«, ernsthaft gemeint, zunächst nur soviel bedeuten: Es gibt *für uns nur* diese Welt.

Doch auch so schießt er noch über das wirklich Begründbare, Nachprüfbare und Verantwortbare hinaus, und zwar mit dem »nur«. Es ist zwar richtig: Vorstellen, denken können wir uns immer nur eine »andere Welt«, die der unseren irgendwie ähnlich ist. Und somit gehörte auch sie zu unserer Welt, sie wäre gleichsam eine entfernte Verwandte, die zu dieser unseren Welt gehörte. Doch ist damit die Möglichkeit nicht ausgeschlossen, daß es auch eine nicht wirklich vorstellbare »andere Welt« gibt, die, bildlich gesprochen, jenseits des noch so weit entfernten Horizontes unserer und aller sonstigen vorstellbaren, empirisch erfahrbaren Welten liegt. Eine »Welt«, deren Eigenart es lediglich wäre, gerade nicht *so* zu sein, wie unsere empirische Welt. Eine »Welt«, die, mit einem Wort gesagt, nicht so »sichtbar« wäre, wie alles, was die uns bekannte Welt ausmacht, sondern für uns »unsichtbar« wäre.

Ob und wie sich die Behauptung, es gebe eine solche andere »Welt«, ihrerseits verantworten läßt, das ist eine eigene Frage. Ebenso, ob und inwieweit eine solche andere Welt uns noch etwas anginge. Das ist auch nicht das Problem dessen, der behauptet, es gibt für uns nur diese unsere Welt. Bei ihm liegt nur das »Problem«, daß er diese Möglichkeit nicht definitiv ausschalten kann. Das ginge nur, wenn er den Nachweis führen könnte, daß die Annahme einer solchen »unsichtbaren Welt« entweder etwas in sich selbst Widersprüchliches behauptete; oder daß sie Annahmen enthielte, die mit dem unstrittigen Wirklichsein und Wesen dieser unserer Welt in Widerspruch stünden.

Strenggenommen überschreitet also auch noch die Behauptung »Es gibt *für uns nur* diese Welt«, die Grenzen unseres Erkennen- und Wissenkönnens. Wollen wir sie dennoch ernst nehmen, dann nicht als einen Satz, der ein begründetes oder gar bewiesenes Wissen enthält, sondern als einen Satz, in dem sich eine menschliche Überzeugung ausspricht – sei es praktisch-emphatisch, sei es resignativ. Die Überzeugung nämlich, wir hätten uns mit dieser unserer Welt abzufinden, ein Jenseits gebe es nicht. Nur um diese Überzeugung muß es im folgenden noch gehen: um das Sichabfindenmüssen mit diesem unserem Diesseits. Wir lassen das andere, das »denn ein Jenseits gibt es nicht« auf sich beruhen. Das ist ja auch für den, der auf der alleinigen Wirklichkeit des Diesseits besteht, nur eine zusätzliche Behauptung, nur eine emphatische Verstärkung, die er auch sein lassen kann. Somit reduziert sich das, was er wirklich sagen will und wovon er überzeugt ist, auf das: Es gibt diese Welt und uns in ihr, und damit müssen wir uns abfinden; damit müssen wir leben.

6.2.2 Praxis widerlegt die Theorie

Das ist die praktische Weltanschauung des sogenannten modernen Atheisten. Wir fragen uns, ob diese Überzeugung, wenn sie eine wirkliche Überzeugung ist, eigentlich *praktisch konsistent* ist. Als Überzeugung will sie ja auch wahr sein. Und der von der Wahrheit – oder auch, nur bescheidener gesagt: Richtigkeit – einer Überzeugung Überzeugte lebt ja nach ihr. Er sollte jedenfalls nach ihr leben können. Jene weltanschauliche Überzeugung ist sozusagen die Ideologie oder Theorie seines Lebens im Diesseits, seiner Praxis. Entsprechen also Theorie und Praxis einander? Oder ist es so, daß zwischen beiden ein Widerspruch besteht? Daß das wirkliche Leben in seiner ganzen handfesten Konkretheit genau anders aussieht, als es die Theorie, auch sie beim Wort genommen, behauptet? Daß also die Praxis die Theorie widerlegt?

Dazu fragen wir: Was nimmt diese Theorie als wahr an? Sie setzt voraus: Das ganze Diesseits, die Welt, die Natur, der Kosmos ist »gleichgültig«, er ist im eigentlichen Sinne wert-los, umsonst (Nietzsche), weder gut noch böse. Betrachten wir aber die Praxis, so zeigt sich: Im Diesseits ist für niemanden die Welt, in der er lebt, gleich-gültig, wert-los. Selbst wenn sie und sein eigenes Dasein in ihr ihm nicht gerade gut oder gar besonders gut erscheinen, sie ihm also in einem weiteren Sinne »gleichgültig« sind, im einzelnen ist sie für ihn *auch böse*; wertet er sie als keineswegs nur »gleich-gültig«, sondern als wirklich auch böse. So sieht jedenfalls die konkrete, ganz handfeste Lebenspraxis aus. Mit ihrer »Einzelüberzeugung« widerlegt sie selbst jene »allgemeine Überzeugung« von der prinzipiellen Gleichgültigkeit, Sinn- und Wertlosigkeit der Welt und entlarvt sie als allgemeines, abstraktes Gerede.

Richtig formuliert könnte diese »allgemeine Überzeugung« nur so aussehen: Wie die Welt im einzelnen sowohl gut (oder im weiteren Sinne gleichgültig-neutral) als auch böse ist, so ist sie auch, im ganzen gedacht, gut *und* böse. Und weiter: Im einzelnen herrscht zwischen Gut und Böse Streit in der Welt, ohne daß ein endgültiger Sieg des einen über das andere erschiene. Streit, denn das Gute verteidigt sich gegenüber dem Bösen jedenfalls als das Bessere, dessen Feind das Böse ist. Somit wäre auch »das Ganze« als in sich strittig anzunehmen; jedenfalls nicht als in sich gleich-gültig, neutral. Wenngleich auch in seinem »gut *und* böse« das »Gute« das relativ Bessere ist, bleibt sein »gut und böse« ein unauflösbares strittiges Rätsel für uns.

Diese objektive Strittigkeit widerlegt eine objektiv sein wollende Überzeugung von der objektiven Gleichgültigkeit und Wertlosigkeit »des Ganzen«. Was freilich (wiederum) noch keine *positive* Einsicht hinsichtlich der Gültigkeit, eines Wertes, eines Warum und Wozu, eines »*letzten* Sinns« des Ganzen der Welt ist! *Positive* Einsicht ist nur die, daß das Gute sich gegen das Böse wehrt und sich so als das relativ Bessere geriert – womit Gleich-gültigkeit eben widerlegt ist: sowohl in der wirklichen Praxis als auch für die Theorie des Großen und Ganzen. Schließlich: Warum eigentlich das Gute sich für das Bessere gegenüber dem Bösen hält, sich ihm gegenüber nicht gleichgültig verhält, das wäre das eigentliche »Rätsel des Ganzen«, das sich, jedenfalls nur diesseitig gesehen, nicht lösen läßt. (Zur Problemgeschichte s. Verf., Schmerz und Menschenwürde. Das Böse in der abendländischen Philosophie, Würzburg 2001.)

Dennoch nehmen wir es einmal hin, daß es die Überzeugung gibt, nur das Diesseits sei wirklich, und fragen zunächst, was es eigentlich mit dem Phänomen des Überzeugtseins auf sich hat. Daß das Diesseits wirklich *ist*, das wird ja zugegeben; auch ist das eine allgemeine Überzeugung. (Genaugenommen: *auch nur* Überzeugung.) Aber *sie* macht es praktisch unmöglich, ohne Selbstwiderspruch auch von dem »nur« (*nur* das Diesseits ist wirklich) überzeugt zu sein.

Jene Überzeugung, *nur* das Diesseits sei wirklich, ist genau besehen gar keine *wirkliche* Überzeugung; sie ist sozusagen eine rein theoretische, abstrakte Überzeugung. Ihr fehlt nämlich genau das, was gleichsam das eigentliche Wesen, den innersten Kern von Überzeugungen, von Überzeugtsein ausmacht, nämlich das Werten. Überzeugungen – das kann hier nicht im einzelnen ausgeführt werden – sind immer wertend, nicht ein bloßes Wissen um das, wovon jemand überzeugt ist. Wertend sind sie – was man auch in dem »Über« des Wortes »Überzeugung« ausgedrückt sehen kann –, da sie die Stellungnahme, die Einstellung und Haltung des Überzeugten zum Inhalt der Überzeugung enthalten. Und diese ist, schematisch eingeteilt, entweder eher neutral hinnehmend oder mehr oder weniger bejahend oder abwehrend.

So wertend kann jene »Überzeugung« gerade nicht sein. Sie hat als »Gegenstand« – nehmen wir dies einmal hin – das *Ganze* unserer Welt, den Kosmos, unser Universum vor sich; etwas anderes darüber hinaus soll ausgeschlossen sein. Wäre dies eine wirkliche und somit auch wertende Überzeugung, also auch eine »Einschätzung« dieses Ganzen als solchen, so müßte nach ihr das Universum als ganzes entweder uneingeschränkt gut oder uneingeschränkt böse/schlecht oder ganz neutral sein. Die beiden ersten Möglichkeiten scheiden sicher aus. Wie aber steht es mit der dritten Möglichkeit, die sich zunächst als naheliegend anzubieten scheint: Das Ganze ist als solches weder gut noch böse, sondern eben neutral-gleichgültig. Auch hier zeigt sich wieder: *Sagen*, mit Worten formulieren kann man das natürlich. Aber *wirklich* überzeugt kann man davon nicht sein; es bleiben bloße Worte. Denn auch für denjenigen, der so spricht, ist in Wirklichkeit das Ganze, das Universum, die Natur, der Kosmos gut *und* böse; oder, wenn das Wort »gut« schon zu hochgegriffen sein sollte, gleichgültig *und* böse. Jedenfalls nicht nur gleichgültig neutral, d. h. weder gut noch böse (»ne-utrum«).

Wäre das Ganze wirklich neutral, dann dürfte es auch innerhalb des Ganzen nur gleichgültig Neutrales geben. »Das Ganze« ist ja nicht etwas ganz Eigenes, Selbständiges *über* allem, was in ihm ist. Es ist nicht eine andere Welt, sondern das Gesamt dieser Welt mit allem Einzelnen, einschließlich des Menschen. Wäre das Ganze gleichgültig-neutral, so müßte alles Einzelne auch so sein. Es dürfte und könnte weder Gut noch Böse geben, noch dürfte und könnte der Mensch, der ja zu diesem Ganzen gehört, irgend etwas als gut oder böse betrachten, bewerten, beurteilen. Genau dies tut er aber – womit er sich jedenfalls *innerhalb* des (angeblich) gleichgültig-neutralen Ganzen bleibend *gegen* dessen neutrale Gleichgültigkeit stellt. Man mag dies als »Krankheit« seines Geistes, seiner kleinen Überzeugungen bezeichnen, doch damit hat man das Ganze, das Diesseits eben auch als »krank« erklärt. Denn »der Kranke« ist ja ein Teil des Diesseits, des Ganzen.

Aber es ist ja nicht allein der Mensch mit seinen kleinen »krankhaften« Überzeugungen, welcher auch das Große/ Ganze als ein nicht nur Gleichgültig-Neutrales erscheinen läßt, sondern diese Überzeugung, daß das Ganze eben *auch böse* ist, das ist sozusagen schon eine »Krankheit« der Natur selbst. Eine »Krankheit«, die im Menschen, in seinen menschlichen Überzeugungen und Bewertungen, nur hier auf eben besonders menschliche Weise, zur Auswirkung kommt. Und Natur, ein Teil der Natur ist der Mensch ja ohnehin. Es ist also gewiß anthropomorph gesprochen, wenn wir sagen, die Natur selbst, auch die außermenschliche Natur, lebt in der (angeblich »krankhaften«) Überzeugung, daß sie im ganzen und somit auch im einzelnen nicht nur gleichgültig-neutral, sondern auch böse ist. Aber die Sache der Natur ist in der Tat so.

Worin besteht nun dieses Böse der Natur selbst, das sozusagen mit Notwendigkeit die Überzeugung provoziert, sie sei auch böse, nicht nur gleichgültig-neutral. Eine Überzeugung, die eben nicht nur eine menschlich-subjektive ist, sondern sich als objektiv wirklich auch in der sogenannten untermenschlichen Natur erkennen läßt, weil sie sich dort auf ähnliche Weise zum Ausdruck bringt, wie in der Welt des Menschen. Das Böse in der Natur, das die Natur selbst als böse wertet und verurteilt – so daß die Natur gleichsam selbst davon überzeugt ist, nicht nur gleichgültig-neutral zu sein –, das ist der Schmerz. (Im einzelnen s. Verf., Woher kommt das Böse?, Graz 1999.) Das Phänomen des Schmerzes bzw. der von ihm unmittelbar provozierte, ihn abwehrende Protest gegen ihn, der ihn als in sich böse wertet und verurteilt, ist es, das die »Überzeugung« widerlegt und zu bloßem Gerede macht, das Ganze, das Diesseits, das Universum, der Kosmos sei in sich nur gleich-gültig, neutral, wertlos.

Nur um diesen Punkt geht es! Daß dies keine *wirkliche* Überzeugung sein kann! Daß man so eigentlich nur reden kann, wenn man die Augen geschlossen und die Ohren zugestopft hat und selbst nicht gerade vom Bösen getroffen ist. Wäre der Satz, nur das Diesseits ist wirklich, Ausdruck *wirklichen* Überzeugtseins, so müßte der davon Überzeugte ja konsequenterweise nicht nur alles Böse – auch den ihn selbst treffenden Schmerz! – gleichgültig-neutral bleibend hinnehmen. Er dürfte ebenso konsequenterweise nichts im Diesseits als wirklich gut und nicht nur gleich-gültig betrachten und bewerten. Und so müßte er sich um dieser Überzeugung willen ganz von der wirklichen Welt abwenden – auch von »der Natur«, auch von sich selbst, da er ja auch »Natur« ist, um so als abstrakter, lebloser Punkt nur noch vom Nichts überzeugt bleiben zu wollen. Kurz und nüchtern gesagt: Die nackten Tatsachen der Welt lassen ein *wirkliches* Überzeugtseinwollen, nur sie sei wirklich, praktisch gar nicht zu. Wirkliche Überzeugung an ihr bleibt allein die im übrigen unstrittige und heute jedenfalls triviale Einsicht, daß wir mehr als ein Diesseits im Diesseits nicht *sehen*. Dafür braucht es aber nicht sonderlich viel Überzeugung.

Mit all dem soll nicht gesagt sein, irgendwie stecke in oder hinter dem Satz, nur das Diesseits sei wirklich, nun doch gleichsam heimlich die Überzeugung von einem Jenseits! Gar wenn man seine eigentlichen Konsequenzen zeigt und demjenigen, der ihn im Munde führt, nachweist: So einfach ist »das Ganze« nicht, und du selbst bist es im einzelnen auch nicht. Auch wenn sich der gleichsam harte Kern der Überzeugung, nur das Diesseits sei wirklich, als unmöglich auflösen läßt – als von der Wirklichkeit selbst widerlegte *bloße* und so nichtssagende »Theorie« –, so bleibt doch sozusagen die Restüberzeugung, daß wir im Diesseits kein Jenseits sehen; richtiger: daß wir im Diesseits immer nur Diesseitiges und diesseitig sehen. Dieser schwachen Restüberzeugung ein irgendwie doch Überzeugtsein von einem Jenseits zu unterstellen, heißt doch wohl, sie höher zu bewerten, als sie sich selbst einschätzt. Das wird sie von sich weisen: tua res agitur! Und es ist wohl auch ein »Unterschätzen« des eigenen Überzeugtseins von einem Jenseits, das so leicht nun auch wieder nicht ist.

6.3 Absolutes, Unbedingtes im Endlichen, Bedingten? Die Antwort des »guten Atheisten«

Man sollte daher auch nicht versuchen, aus der Tatsache, daß auch derjenige, für den es nur das Diesseits gibt, Gutes tut, daß er nicht alles als gleichgültig betrachtet, daß er sich vielleicht sogar zum Gutestun verpflichtet fühlt, abzuleiten oder gar zu beweisen, daß es also auch *für ihn* so etwas wie ein Jenseits, so etwas wie Transzendenz, etwas Absolutes gebe; auch wenn ihm selbst das nicht eigens bewußt sei. Nur deshalb sei sein Wollen des Guten im Diesseits möglich. Also müsse, weil ja im Diesseits Gutes wirklich ist, jenes absolute, transzendente Gut auch für ihn schon wirklich sein, wie auch immer es benannt werde.

Der Grundfehler eines solchen Gedankenganges liegt im ersten Schritt: Jener sagt: Ich will Gutes tun, und er meint damit z. B.: Menschen umsonst helfen. Das ist nicht irgendein Gutestun, sondern etwas ganz Konkretes, Anschauliches, Sichtbares. Und wenn jener weiter sagt bzw. sagen würde: Das will und tue ich *unbedingt*, so meint er mit »unbedingt« nicht »etwas *schlechthin* Un-bedingtes«, sondern damit meint er nur folgendes: Ich helfe einem anderen eben nicht nur, um z. B. Geld zu verdienen oder ein Danke zu hören, also unter einer Bedingung. So wie man eben gewöhnlicherweise das eine tut, um das andere zu erreichen. Sondern ich helfe ihm nur, weil ich es schon für gut halte, ihm sozusagen umsonst zu helfen. Verglichen mit meinem sonstigen Tun, ist das natürlich relativ unbedingt. Ich helfe ja nicht unter der Bedingung, daß ich dafür Geld erhalte, also »um zu …«. Ich helfe dem anderen nur, um ihm zu helfen. Aber das ist doch nicht etwas *schlechthin* Unbedingtes! Etwas schlechthin Unbedingtes gibt es in der Welt überhaupt nicht, das wäre etwas ganz Abstraktes, bei dem man sich gar nichts Wirkliches mehr denken könnte. Wenn ich einem anderen im oben genannten Sinne »unbedingt« helfen will, so ist und bleibt das wie alles in der Welt immer noch in jeder Hinsicht »bedingt«. Etwa dadurch, daß ich überhaupt existiere. Ohne diese und weitere Bedingungen ist mein »unbedingtes Helfenwollen« überhaupt nicht möglich. Auch mein »unbedingtes Helfenwollen als solches«, wenn wir einmal so sagen wollen, ist nicht etwas eigenes, rein in sich selbst Wirkliches. Es ist *mein* unbedingtes Helfenwollen. Es ist mein unbedingtes *Helfen*wollen. Es ist mein unbedingtes *ihm* Helfenwollen. Es ist nicht ein reines *unbedingtes* Wollen an sich. Es schwebt nicht irgendwie über mir. Es ist etwas von mir und in mir. Und somit ist es ebenso bedingt, wie ich selbst bedingt bin. Mein Helfenwollen ist zwar *weniger* bedingt, als mein sonstiges Wollen und Handeln, aber doch nicht schlechthin und im wörtlichen Sinne ab-solut (= losgelöst) un-bedingt.

Es gibt, ich wiederhole es, in der Welt gar nichts schlechthin und absolut Unbedingtes. Noch meine abstraktesten Gedanken sind bedingt, nämlich dadurch, daß ich sie überhaupt denken will. Es gibt in der Welt nur ein Mehr oder Weniger an Bedingtsein. Also sozusagen nur »relativ Unbedingtes«. So wie eben mein umsonst Helfenwollen. Ich halte das auch für das Bessere, verglichen mit Helfen um des Geldes willen; für das Höhere, Menschlichere, meinethalben auch für das Höchste. Aber es ist nicht etwas, das die Möglichkeiten des Menschlichen und somit das Bedingtsein, die »Kontingenz« von allem ab-solut überschreiten, »transzendieren« würde. Es mag ungewöhnlich, außerordentlich sein, umsonst helfen zu wollen. Aber es ist doch nichts im wörtlichen Sinne Übermenschliches. Ich würde sogar sagen, eigentlich sollte es selbstverständlich sein, auch wenn ich nicht weiß, warum und wieso eigentlich.

Aus der Tatsache, daß es innerhalb der in jeder Hinsicht bedingten Welt auch weniger Bedingtes, also »relativ Unbedingtes« gibt – man könnte auch sagen: ein »relatives Transzendierendes« *innerhalb* der Welt –, macht hingegen jener andere Gedankengang flugs ein: Also spielt in allem Bedingten ein Unbedingtes mit; also transzendiert der Mensch, der unbedingt das Gute will, in diesem Wollen die Welt des Relativen, der Bedingtheiten, also will er irgendwie auch schon das Absolute, das Absolute im Relativen. Genau das will jener aber gar nicht. Das ist in seinen Augen eine vielleicht gutgemeinte, aber besserwisserische Unterstellung. Er wird mit Recht von sich sagen: Weder will ich etwas Absolutes, noch will ich es auf ab-solute Weise. Und was »ein Absolutes im Relativen« sein soll, ist mir so schleierhaft wie ein eckiger Kreis. Ich will nur eins: Anderen helfen, so gut ich es eben kann. Daraus macht ihr etwas ganz anderes, eine abstrakte Konstruktion, die mit mir gar nichts mehr zu tun hat, aus der alles Wirkliche ausgetrieben ist. Ihr nennt es Transzendentalphilosophie. In meinen Ohren ist es nur abgehobenes Wortgeklingel, an dem ihr euch berauschen mögt. Aber selbst euer Rausch ist offensichtlich nichts wirklich Unbedingtes, nichts wirklich Absolutes. Ihr werdet auch wieder nüchtern, also ist auch euer Denken, das euch so begeistert, nur etwas Relatives, Zeitweiliges, Bedingtes.

Außerdem: Wenn ihr meint, mit solchen Abstraktionen etwas erklären zu können und zumindest theoretisch-wissensmäßig das Diesseits besser zu begreifen, es gewissermaßen durchsichtiger zu machen, dann meint ihr das zwar, aber in Wirklichkeit ist das ein schlichter Irrtum. Auch für euch selbst! Auch für euch selbst wird nichts in der Welt wirklich durchsichtig! Was in der Welt undurchsichtig, rätselhaft, unbegreiflich ist, zum Beispiel, daß ich umsonst einem Notleidenden helfen will, ohne eigentlich zu wissen warum, das bleibt auch dann noch eine selbst undurchsichtige, rätselhafte, unbegreifliche Wirklichkeit, wenn ich nun einmal mit euch so etwas wie ein Absolutes, Transzendentes usw. annehme. Dieses Absolute ist ja nicht selbst mein mir unbegreifliches Helfenwollen. Es soll ja nach euch nur der transzendente Grund dafür sein. Nehme ich also an, dieser Grund für mein Helfenwollen sei wirklich, so ändert das doch nichts an diesem, meinem umsonst Helfenwollen. Ich will ja auch weiterhin nur umsonst helfen, und ich werde dabei auch weiterhin nicht wirklich wissen, warum und wieso ich das eigentlich will. Das heißt, jedesmal, wenn ich das will und tue, ist dieses mein konkretes Wollen und Tun als solches mir unbegreiflich. Daran ändert nun ein angenommenes Absolutes nichts. Diese Annahme ist nur etwas Zusätzliches, es soll sich bei dem Absoluten ja um etwas *Meta*-physisches handeln, um etwas anderes als um mein eigenes »physisches«, diesseitiges Wollen und Wissen bzw. Nichtwissen. Also mag die Annahme eines solchen Absoluten – ganz abgesehen davon, daß es doch *unser* Annehmen ist und bleibt – so etwas wie ein zusätzliches Wissen bzw. Überzeugtsein von ihm sein. Sie mag so auch wie eine zusätzliche Motivierung wirken für mein umsonst Helfenwollen, ohne zu wissen, warum *ich das* eigentlich will und tue. Aber dieses mein umsonst Helfenwollen als solches bleibt mir als solches so unbegreiflich wie zuvor. Es wird ja auch nicht wirklich unbedingter, als es war. Mehr als unbedingt helfen wollen, soweit es in meinen Möglichkeiten liegt, kann ich ja gar nicht. Kurz gesagt: Prinzipiell ändert die Annahme eines Absoluten bzw. die Wirklichkeit eines Absoluten an den Dingen in der Welt gar nichts. Allenfalls mittelbar, indirekt, nämlich wie gesagt so, daß diese Annahme zusätzlich motivierend wirken kann. Aber das ist ein weiteres, im übrigen nicht ganz unproblematisches Feld.

Schließlich: Ihr behauptet, daß es in der Welt Unbegreifliches, Rätselhaftes gibt; ja, daß im Grunde das Ganze des Seins der Welt unbegreiflich ist. Für mich trifft das jedenfalls zu, wenn ich an mein umsonst Helfenwollen denke. Immerhin ist damit ja nicht ausgeschlossen, daß wir auch vieles begreifen, wissen, verstehen. Aber gut, letztlich, wenn man immer weiterfragt, kommt man dahin, daß man wie schon der alte Sokrates zugeben müßte: Ich möchte es zwar gerne wissen (Vielleicht ist es aber sogar besser, es nicht zu wissen!), aber ich weiß, ich sehe ein, daß ich es nicht weiß. Das ist, etwas anders dargestellt, das, was ihr so formuliert: Im Grunde ist das Ganze der Welt unbegreiflich. Nun nehmt ihr aber, aus welchen Gründen auch immer, das Absolute, Transzendente an. Und zwar ohne daß ihr eure Behauptung widerruft, daß das Ganze des Seins der Welt jedenfalls für uns, also empirisch ein unbegreifliches Rätsel ist. Diese Behauptung ist ja objektiv gemeint. So nämlich, daß die Welt, einschließlich der Menschen in ihr, ein unlösbares Rätsel ist. Dann müßtet ihr von dem Absoluten, das ja der Grund für das Sein der Welt sein soll, auch dies sagen, daß dieses Absolute eben dieses rätselhafte Sein der Welt begründet, und zwar genau auch seine Rätselhaftigkeit. Diese habt ihr ja behauptet. Und selbst wenn ihr zusätzlich behauptet, mit der Annahme des Absoluten verschwinde diese Rätselhaftigkeit, so trifft das doch allenfalls für euch zu; und ob es für euch wirklich kein Rätsel mehr gibt, bliebe immer noch zu fragen. Jedenfalls müßte hinsichtlich der anderen, für die die Welt im ganzen ein unbegreifliches Rätsel ist und bleibt, gesagt werden: Genau so unbegreiflich, wie sie ist, so begründet das Absolute die Welt. Damit ist aber sein Begründen, das nach euch etwas erklären soll, selbst erst recht unbegreiflich; zumindest so unbegreiflich und so rätselhaft wie das von ihm begründete rätselhafte, unbegreiflich und undurchsichtig bleibende Diesseits.

Das heißt mit anderen Worten: Mit der Annahme eines Absoluten müßt ihr zum Rätselhaftsein der Welt noch ein weiteres unbegreifliches Rätsel annehmen, eben jenes Absolute. Wenn ihr aber behauptet, ein unbegreifliches X sei mit einem zumindest ebenso unbegreiflichen Y zu *erklären*, *verständlich* zu machen, dann ist das einfach lächerlich. Oder aber »erklären«, »verständlich machen« hat hier einen anderen Sinn als sonst; hat hier mit dem, was man gewöhnlich darunter versteht, nämlich: ein Problem auflösen, eine Fragwürdigkeit gegenstandslos werden lassen usf. nichts zu tun.

Kurz: Die Welt ist ein objektives Rätsel. Ihr *wollt* das Rätsel lösen. Aber wirklich lösen *könnt* ihr es nicht. Noch in eurem Wollen, nämlich mit dem, was ihr wollt und annehmt, bestätigt ihr es nur in seiner rätselhaften Unlösbarkeit. – Somit ist die eigentlich interessante Frage die: Was hat es mit diesem menschlichen Wollen auf sich? Also mit dem Annehmenwollen als solchem, das für euch zum Glauben-an ein Absolutes wird, das ihr auch »Gott« nennt.

Epilog

Alles nur tröstliche Illusion? So mag der skeptische Nichtglaubende immer noch sagen. Doch ließe sich antworten: Selbst wenn, dann besser noch *mit* diesem Trost leben, als ohne ihn. Ob er wirklich *nur* illusionär ist, das weiß jetzt keiner. Jedenfalls ist er jetzt nur Gewinn und keinesfalls Verlust für den, der glaubt.